Mathias P. Rein

Mehr Lachen

...in der Schule und im Leben

Das etwas andere Witzbuch für Schüler, Lehrer...
und alle, die es noch werden und einmal waren.

2012

Die Deutsche Nationalbibliothek verzeichnet diese Publikation in der Deutschen Nationalbibliografie. Detaillierte Daten sind im Internet über http://dnb.ddb.de abrufbar.

Rein, Mathias P.:

Mehr Lachen
...in der Schule und im Leben

ISBN: 9-783848-205028   € 5,90

Herstellung und Verlag: Books on Demand GmbH, Norderstedt, 2012

Für alle meine ehemaligen Schülerinnen und Schüler, die mit großer Leidenschaft Witze erzählt haben und uns somit unzählige Male herzhaft zum Lachen gebracht haben.

Und natürlich:

*Für alle meine aktuellen Schülerinnen und Schüler,
die genauso gerne lachen,
mit Begeisterung Witze erzählen und unseren Schulalltag durch die Einfachheit eines Witzes leicht werden lassen.*

Und ganz besonders:

Für meine beiden Kinder Annina und Julius, denen ich unendlich viele humorvolle Augenblicke und Begegnungen wünsche.

Lasst ja die Kinder viel lachen, sonst werden sie böse im Alter! Kinder, die viel lachen, kämpfen auf der Seite der Engel.

Hrabanus Maurus (780 - 856)
Abt Kloster Fulda, Erzbischof Mainz

Inhalt

Prolog

Wieder nur angespannte Gesichter in der 7a.

O.K., es ist die sechste Stunde und vorher hattet ihr Mathe und Englisch. Aber jetzt, mit Blick auf die Mittagspause und eine Stunde Politik bei mir, das muss einem doch ein Lächeln auf die Lippen zaubern.

...Nicht? ... (Denkpause)

Dann probier ich es mal mit Lächeln. Immer ganz nach Bandura: Vorbild sein, vorlächeln.

(Grins ... Lächel)

Klappt nur bedingt! Also dann ein herzhaftes: „Hallo, ich grüße euch, schön euch zu sehen!" Und dabei weiterlächeln... (Lächel).

...

OH man, nur ein müdes Zurücknicken und stockendes: „Guten Tag Herr Rein" ... (Pause)

Was hat mir gestern meine Tochter erzählt:

„Du, Papa."

„Ja, Annina."

„Ich habe einen neuen Witz!"

„Erzähl."

„Sagt der große Stift zum kleinen Stift: (Ich schaue gespannt, obwohl ich denke: Oh je, was kommt jetzt) ... Wachsmalstift."

Kurze Stille. ... (Denkpause) ... Ich schmeiß mich weg und sie schmeißt sich weg! Lachen, herzhaftes Lachen... und so, wie die Kleine das erzählt hat, mit ihren großen Kulleraugen, so mit dem Blick von unten, treuherzig, dann auch noch langsam und betont.

...

Ich lache innerlich schon wieder. Ob das auch hier funktioniert?

Ich schnappe mir den Füller eines Mädchens aus der ersten Reihe, hebe diesen hoch und sage:

„Sagt der große Stift"...

(Ungläubige Gesichter sehen mich an.)

Schnell schnappe ich mir aus einem anderen Mäppchen einen Bleistift, der eigentlich nur noch aus Spitze und aufgesetztem Metallradiergummihalter besteht (in dem schon lange kein Radierer mehr steckt) und hebe diesen Bleistiftüberrest mit meiner anderen Hand hoch. „Wie will man damit noch schreiben können und angenagt sieht der auch noch aus – Wääääh!", schießt es mir durch den Kopf.

„...zum kleinen Stift..."

Wieder nur ungläubige Blicke, so wie: „Jetzt hat es den Rein erwischt, gleich wird er abgeholt."

Ich lasse mich jedoch nicht beirren, halte den Spannungsbogen, bis ich auch die allerletzte Aufmerksamkeit habe, der letzte Schüler verstummt ist und nach vorne blickt.

...

Ich wiederhole nochmal: „Sagt der große Stift... (und hebe diesen mit meiner linken Hand leicht an) ...zum kleinen Stift... (jetzt hebe ich diesen mit meiner rechten Hand an) ...Wachs...mal...stift!"

...

Stille!

Immer noch ungläubige Blicke!

...

Lachen. Zuerst vereinzelt, dann von immer mehr Plätzen. Wie ein Seebeben, das sich von unterschiedlichen Stellen im Raum ausbreitet. Nur ein paar wenige sitzen noch immer auf der Leitung, werden von ihren Nebensitzern aufgeklärt und lachen dann mit oder zeigen mit einer langgezogenen „oooooooch" Geste, dass sie den Witz als nicht so toll empfinden, grinsen dann aber doch.

...

Kurz nachdem ich die Stifte den rechtmäßigen Eigentümern wieder zurückgegeben habe, geht es auch schon los: An verschiedenen Stellen im Klassenzimmer fangen meine Kids der 7a auf einmal an sich Witze zu erzählen. Immer mehr beteiligen sich. Aus der auf den ersten Blick mürrischen und angespannten 7a ist urplötzlich ein „wacher Haufen" geworden.

Viele wollen ihre Witze vor der Klasse vortragen. Schnell wird deutlich, dass wir Regeln benötigen, nachdem ich bei einem Witz mehr als tief durchatmen muss.

„Hauptregel:", mache ich laut deutlich, „Nicht sexistisch UND nicht diskriminierend müssen sie sein!"

...

„Jetzt werden einige Schwierigkeiten haben ihre Witze anzubringen", denke ich.

„Dann wissen wir keine", bestätigt eine Stimme aus Reihe vier, was mir gerade durch den Kopf geht.

...

Wieder lachen!

...

„O.K. geben wir uns Mühe. Erinnert euch an einen Witz, der die Hauptregel nicht verletzt."

Das Erzählen kommt wieder in Gang.

Nicht einzeln, sondern immer im Plenum. Manche sind nicht gut, andere schlecht, einige sogar richtig schlecht. Ich lache oder lächle trotzdem – oder nicke wenigstens mit einem Lächeln, wenn auch gequält.

...

Deutlich wird, wer den guten alten „kriegt in Amerika schon Rente" Witz gut aufbaut, mit Spannungsbogen erzählt, hat seine Lacher. Dagegen bleiben die guten Witze durch eine schlechte oder gar fehlende Performance unter ihren Möglichkeiten.

...

„Üben", schießt es mir durch den Kopf.

Üben durch Tun, mit dem schönen Nebeneffekt des Lachens. Werden wir ab sofort öfters machen. Eine Witzrunde am Anfang oder am Ende einer Stunde. Nicht immer, manchmal situationsbezogen. Es wäre doch gelacht, wenn es zu meinen Fächern nicht passende Witze gibt. Und wenn nicht, dann modifiziere ich eben!

...

In manchen Klassen wird es zum festen Ritual: Die kurze Witzrunde. Irgendwann fange ich dann an aufzuschreiben. Die, über die wir gelacht haben.

Andere sollen auch lachen, nacherzählen. Und immer daran denken: Die Performance muss stimmen.

Wer über einige der folgenden Witze nicht lachen muss, dann vielleicht, weil er den Witz kennt, oder er ihn besser erzählt bekommen hätte, oder weil er einfach wieder Übung benötigt: Übung im LACHEN!

Die Sammlung wird größer und ich suche einen Titel. Wie soll das Buch heißen?

Liegt eigentlich auf der Hand: „Mehr Lachen!"

...

„Mehr Lachen... ...in der Schule UND natürlich im Leben!"

Liebe… / lieber…

Liebe <u>Schülerin</u>, **lieber** <u>Schüler</u>, **liebe** <u>Kollegin</u>, **lieber** <u>Kollege</u>, **liebe** <u>Eltern</u>, **liebe** <u>Leserin</u>, **lieber** <u>Leser</u>,
ich weiß nicht, was der Grund für dich / Sie war, dieses Büchlein zu erwerben und was du / Sie davon erwarten. Wenn du / Sie auf die ultimative Sammlung hoffen, die alles andere schlägt, dann wirst du / Sie mit Sicherheit enttäuscht sein! Wenn du / Sie einmal ein „etwas anderes" Witzbüchlein lesen wollen, dann (so glaube ich) nicht.

Liebe <u>Schülerin</u>, **lieber** <u>Schüler</u>, auch wenn ich als Pauker vor und nach den Witzen der einzelnen Kapitel Ideen für mehr Humor im Klassenzimmer äußere und dabei häufig deine Lehrerin / deinen Lehrer anspreche, so sind dies auch Ideen für dich, die du einbringen kannst / sollst. Für Ideen, die unseren Schulalltag bereichern und kurzweiliger werden lassen, sind wir (deine Pauker und deine Mitschülerinnen und Mitschüler) immer zu haben!

Liebe <u>Kollegin</u>, **lieber** <u>Kollege</u>, wenn Sie an Humor und Witz interessiert sind und die positiven Wirkungen von Humor und Witz erfahren wollen, so betrachten Sie die geäußerten Umsetzungsmöglichkeiten als Anregung und probieren Sie aus!

Liebe <u>Eltern</u>, klasse, dass Sie dieses Buch Ihrem Kind gekauft haben. Noch besser, dass Sie auch selbst nachlesen, wie witzig es in der Schule und daraus folgend im Leben zugehen kann! Bestimmt haben Sie für eine oder mehrere der geäußerten Ideen eine Abwandlung für Zuhause oder/und Ihren Freundeskreis. Eine (nette) Witzesammlung haben Sie auf jeden Fall.

Liebe <u>sonstige Leserin</u>, **lieber** <u>sonstiger Leser</u>,
viel Spaß beim Lesen und Lachen!

Anmerkung: Da das ständige „du" / „Sie" und der Wechsel der männlichen und weiblichen Form den Lesefluss stören, bleibe ich (bis auf ein letztes Mal) ab sofort beim „Sie" und wechsle die männliche und weibliche Form nach Belieben ab. Fühlen Sie sich bitte jederzeit angesprochen, egal welchen Geschlechts und Alters du bist.

Gebrauchsinformation

1. *WAS IST dieses Buch UND WOFÜR WIRD ES ANGEWENDET?*
   Dieses Buch ist eine Sammlung und Anleitung für mehr Humor und Lachen in Schule, Unterricht und Leben. Eine bestimmungsgemäße Nutzung führt unweigerlich zu einer deutlichen Verbesserung des Wohlgefühls.

2. *WAS MÜSSEN SIE VOR DEM LESEN dieses Büchleins WISSEN?*
   Wenn bei Ihnen eine schwere Lachallergie gegenüber Ihnen bereits bekannten Witzen und Pointen besteht, so werden Sie vielleicht enttäuscht sein.
   Wenn Sie überempfindlich gegen eine bestimmte Art von Witzen sind, so sollten Sie die entsprechenden Kapitel einfach auslassen / überspringen.
   Wenn Sie erfahren möchten, wie der Autor mit der Thematik Witz und Humor (in Schule und Unterricht) bisher umgegangen ist und was für weitere Ideen er hat, so werden Sie fündig.
   Ob die Inhalte dieses Büchleins Sie berühren oder Ihnen weiterhelfen, hängt auch von Ihrem Alter, Geschlecht, Ihren Interessen sowie Ihren jeweiligen Vorerfahrungen ab.

3. *WIE ist dieses Büchlein ANZUWENDEN?*
   Wer „nur" Witze lesen will, sollte die persönlichen Hinweise des Autors in den jeweiligen Kapiteln überspringen.
   Wer sein persönliches Witzerepertoire erweitern will, sollte sich besondere Witze in diesem Büchlein markieren.
   Wer die Wirkung und Auswirkung von Humor und Witzen in der Schule und im Leben erfahren will, sollte anfangen umzusetzen, zu erzählen und auszuprobieren.

4. *NUTZUNG diese Büchleins mit anderen Witzbüchern*
   Eine Nutzung dieses Büchleins mit der gleichzeitigen Nutzung anderer Witze-Sammlungen und Anleitungen zum Lachen ist unbedenklich und führt zu einer weiteren Verbreiterung guter Laune.

Wort-Spiel / Wort-Witz

Bleiben wir doch zu Anfang gleich in der Kategorie Wortwitze, Wortspiele, Kalauer. Mehrdeutigkeit, Verdrehung und Wortveränderung sorgen hier für die Pointe. Oft werden diese Witze als „Flachwitz" oder „Plattwitz", als Witz mit geringer Lustigkeit verstanden. Wenn Ihnen diese Art von Witzen nicht gefällt, dann überblättern Sie am besten dieses Kapitel.

Unterhalten sich zwei Kerzen, sagt die eine: „Ist Wasser eigentlich gefährlich?" Meint die andere: „Da kann man von ausgehen!"

Beißen zwei in ein Bahngleis, sagt der eine: „Oh man, ist das hart!" Sagt der andere: „Da vorne ist ne Weiche!"

Was sagt ein Amerikaner am 31. Oktober in Österreichs Hauptstadt? - Halloween!

Begegnen sich zwei Atome.
Sagt das eine Atom: „Mist, ich hab ein Elektron verloren."
Meint das Andere: „Sieh es positiv!"

Mit was kann man Fußbälle anmalen? - Mit Ballack!

Wie lautet die Email-Adresse des Papstes? - Urbi at orbi.

Was ist ein Keks unter einem Baum? – Ein schattiges Plätzchen!

Rufe ich gestern Spiderman an und was ist... - ...der hat kein Netz!

Geht ein Cowboy zum Frisör. Kommt raus. Pony weg!

Was macht ein Clown im Büro? - Faxen!

Was ist das Gegenteil von Kommerz? - Geh April!

„Bist du per Anhalter gekommen?"
„Wieso?"
„Du siehst so mitgenommen aus."

Warum können Piraten keine Kreise zeichnen?
Weil sie Pi raten.

Rufe ich die ganze Woche schon bei Weight Watchers an, nur da nimmt leider keiner ab.

Nicht vergessen den Kindern vorher zu erklären, wer denn die Weight Watchers sind. Auch der Pi-raten Witz passt nur dann, wenn die Kids in Mathe die mathematische Konstante „π" (Pi) bereits kennengelernt und mit ihr gerechnet haben. Oder der Witz passt vielleicht gerade dann, wenn ich „π" (Pi) in Mathe einführen will! … Was die Weight Watchers angeht: Der passt doch gut in Englisch und auf Englisch. Haben Sie schon mal Witze übersetzen lassen? Oder in einer Fremdsprache erzählen lassen? Nicht!? Dann los!

Nicht Wünschelrute, nicht Alraune,
die beste Zauberei liegt in der guten Laune.

Johann Wolfgang von Goethe (1749 - 1832)
Deutscher Dichter

„Alle Kinder" Witze

Die guten alten „Alle Kinder" Witze. Erinnern Sie sich noch! Was sich auf Namen so alles reimt. Was haben wir gereimt und Spaß gehabt. Manchmal haben wir richtig fies gereimt und die fies gereimten erzählt. Wie: „Alle Kinder gehen über den Friedhof, nur nicht Hagen, der wird getr… ."
Der ist schon grenzwertig. Den erzähle ich in der Klasse nicht! Wir beschränken uns auf die Netten, die manchmal trotzdem auch etwas gemein sind. Da der Witz davon lebt, müssen auch wir damit leben. Beispiele (zum Wiedererinnern) gefällig? Siehe nachfolgend.

Alle Kinder heißen Peter, nur nicht Franz, der heißt Hans.

Alle Kinder laufen über die Straße, nur nicht Maxi, der klebt am Taxi.

Alle Kinder pflücken Blumen, außer Hanne, der fällt eine Tanne.

Alle Kinder gehen angeln, nur nicht Schröder, der ist der Köder.

Alle Kinder achten auf ihre Finger, nur nicht Rainer, dem fehlt jetzt einer.

Alle Kinder haben Haare, nur nicht Thorsten, der hat Borsten.

Alle Kinder sitzen um das Lagerfeuer, nur nicht Brigitte, die sitzt in der Mitte.

Alle Kinder stehen um das brennende Haus, nur nicht Klaus, der schaut raus.

Alle Kinder pinkeln in die Rinne, nur nicht Minne, die steht drinne.

Alle Kinder stoppen an der Schlucht, nur nicht Britt, die geht noch´en Schritt.

Alle Kinder stehen bis zum Hals im Wasser, nur nicht Heiner, der ist kleiner.

Alle Kinder schauen dem Löwen bei der Jagd zu, nur nicht Marcelle, die spielt die Gazelle!

Alle Kinder zittern vor Vampiren, nur nicht Thomas, der beißt Omas.

Alle Kinder rennen über die Straße, nur nicht Rolf, der hängt am Golf.

Alle Kinder fliehen vor dem Donner, nur nicht Fritz, den trifft der Blitz.

Alle Kinder gehen in die Schule, nur nicht Frank, der macht krank.

Reime, meist fiese, auf Namen. Und das womöglich noch im Deutschunterricht!?

Tragen Sie als Einstieg in die Thematik Reim doch einfach mal ein paar nette vor, machen Sie ein Beispiel mit Ihrem Namen und dann die Kinder loslegen lassen. Jeder einen, mit seinem Namen, dann der Name des Bruders, der Schwester, Oma, Opa, Tante… . Was glauben Sie, wie die Eltern und Geschwister sich freuen, wenn Ihre Schüler dann damit heimkommen und beim Abendessen zum Besten geben, was sie heute bei Ihnen gelernt haben.

Sie haben diesbezüglich jedoch vorgesorgt und am letzten Elternabend den Eltern ihrer Schüler versprochen, nicht alles zu glauben, was die Kids von zuhause erzählen, wenn die Eltern auch nicht alles glauben, was ihre Kinder von der Schule erzählen.

Uneingeschränkter Ernst ist im Umgang mit Menschen stets unangebracht.

Platon (428 – 347 v. Chr.)
Griechischer Philosoph

Blonde Witze

Im Prolog hatte ich es erwähnt: Es gibt sie, die Hauptregel für Witze in der Schule: „Nicht diskriminierend, nicht sexistisch!". Was aber, wenn ein aus Polen stammender Junge darauf besteht, den ein oder anderen Polen-Witz zum Besten zu geben. Oder die Mia aus der 9b (strohblond und blitzgescheit) meint: „Also wenn jemand einen Blondinenwitz erzählen darf, dann doch wohl ich als Blondine". Widersprechen Sie da mal. Ich habe es nicht getan.

Also Hauptregel modifizieren: Wenn es einen betrifft, man auch über sich selbst lachen kann, es als Witz versteht, ... – viel zu lang. Auf diese verbale Modifizierung der Hauptregel verzichte ich und lasse stattdessen den Philipp und die Mia einfach mal erzählen.

... ...

Die, die der Philipp zum Besten gegeben hat, soll er Ihnen bei Gelegenheit selbst erzählen. Ein paar von der Mia habe ich aufgeschrieben. Im Sinne der Gleichberechtigung fangen wir mit einem Witz an, der auf blonde Männer gemünzt ist.

Kommt ein Blinder in eine Bar und meint zum Barkeeper: „Kennste den schon: Kommt ein Blonder in...". Moment unterbricht der Barkeeper den blinden Mann.
Barkeeper: „Der Fairness halber möchte ich dir etwas erklären: Ich bin blond, der Ringer links von dir ist blond, der Zwei-Meter-Footballspieler rechts von dir ist blond und der Typ mit dem Baseballschläger hinter dir ist auch blond. So, willst du den Witz immer noch erzählen?"
Der Blinde: „Nö, natürlich nicht. Oder denkst du ich hab Bock darauf den Witz viermal zu erklären."

Arzt zur Blondine: „Nun schalten Sie doch endlich mal den MP3-Player aus und nehmen Sie die Kopfhörer ab!"
Blondine: „Geht nicht, die sind lebensnotwendig!"
Dem Arzt wird es zu bunt und nimmt der Blondine die Kopfhörer ab. Die Blondine fängt an, wie ein Fisch nach Luft zu schnappen und blau anzulaufen. Dem Arzt wird es mulmig. Er setzt sich den Kopfhörer auf und hört: „Einatmen ... Ausatmen ... Einatmen ... Ausatmen ..."

Eine Blondine ist in Geldnot geraten und beschließt ein Kind zu entführen. Sie geht auf einen Spielplatz, schnappt sich einen kleinen Jungen und zerrt ihn hinter einen Baum. Auf einen Zettel schreibt sie: „Ich habe Ihren Sohn gekidnappt. Legen Sie morgen früh 50.000 Euro in einer Papiertüte hinter den großen Baum auf dem Spielplatz. Unterzeichnet: Die Blonde".
Dann heftet sie den Zettel mit einer Sicherheitsnadel dem Jungen innen an die Jacke und schickt ihn nach Hause.
Am nächsten Morgen findet sie hinter dem großen Baum eine Papiertüte mit dem geforderten Geld, außerdem einen Zettel: „Hier ist Ihr Geld und ich hätte nie geglaubt, dass eine Blondine einer anderen so etwas antun kann!"

Stehen zwei Blondinen an der Straßenbahnhaltestelle. Fragt die eine: „Mit welcher Straßenbahn fährst du?"
„Nr. 1 und du?"
„Nr. 3."
In diesem Moment fährt die Bahn Nr. 13 ein und die beiden jubeln:
„Juhuuuuuu, jetzt können wir zusammen fahren!"

Eine Blondine kommt ganz aufgelöst in eine Tankstelle: „Bitte, Sie müssen mir helfen. Ich habe meinen Schlüssel im Auto eingeschlossen. Was mach ich denn jetzt?"
Der Tankwart fragt: „Haben Sie denn wenigstens das Fenster noch einen Spalt weit offen?"
„Ja, ja, sicher!", antwortete die Blondine.
„Gut, dann versuchen Sie mal mit dieser Drahtschlinge den Entriegelungsknopf wieder hochzuziehen."
„Sie sind ein Schatz!", sagt die Blonde und geht mit der Drahtschlinge wieder hinaus.
Zehn Minuten später betritt ein anderer Kunde die Tankstelle und kann sich vor Lachen kaum noch halten.
„Was ist denn los?", fragt der Tankwart.
„Das glauben Sie niemals!", sagt der Mann. „Da draußen an einem Auto steht eine Blondine und versucht den Verriegelungsknopf mit einer Drahtschlinge hochzuziehen."
„Ja... und", fragt der Tankwart, „das kann doch jedem mal passieren."
„Ja schon", prustet der Mann, „aber in dem Auto, da sitzt noch eine zweite Blondine und sagte: Weiter rechts ... nein zu weit ... wieder nach links...!"

Eine Blondine bekommt von ihrem Arzt Zäpfchen verschrieben. Zu Hause liest sie die Packungsbeilage und versteht sie nicht. Sie ruft ihren Hausarzt an und fragt nach, wie sie die Zäpfchen einnehmen soll. Der Arzt antwortet, sie solle sie anal einnehmen und legt auf. Die Blondine weiß immer noch nicht, wie sie die Zäpfchen einnehmen soll und ruft den Arzt erneut an. Dieses Mal antwortet er, sie solle sie rektal einnehmen und legt wieder auf. Die Blondine weiß trotzdem noch nicht, wie sie die Zäpfchen einnehmen soll und ruft den Arzt ein drittes Mal an. Der Arzt meint genervt, sie solle sich die Zäpfchen in den Arsch stecken und legt einfach auf. Darauf die Blondine: „Uuups, jetzt ist er sauer!"

Eine Blondine watschelt aufs Eis hinaus und macht ein Loch um zu fischen. Wie sie gerade so angelt, hört sie eine Stimme von oben - „Hier gibt es keine Fische!". Sie geht nicht darauf ein aber plötzlich hört sie diese Stimme nochmals - „Hier gibt es keine Fische!". Sie schaut sich um; aber sieht niemanden, dann fischt sie weiter. Nach kurzer Zeit hört sie die Stimme noch einmal: „Hier gibt es keine Fische!". Sie schaut auf und fragt ganz schüchtern: „Gott, bist du das?" – „Nein, ich bin der Sprecher dieser Eishockeyhalle!"

Ein Jäger geht mit einer Blondine auf die Jagd. Der Jäger schießt und eine Ente fällt zu Boden und liegt tot vor ihnen.
Blondine: „Der Schuss war umsonst!"
Jäger: „Warum?"
Blondine: „Wenn die Ente aus der Höhe abstürzt, ist sie sowieso tot!"

Ein Polizist erwischt eine Blondine als Geisterfahrerin auf der Autobahn. Nachdem er sie angehalten hat: „Wussten Sie nicht, wohin Sie gefahren sind?"
„Nein, aber es muss scheußlich da sein, weil die anderen alle wieder zurückgefahren sind."

Wie macht man eine Blondine verrückt?
Man sperrt sie in ein rundes Zimmer und sagt: „In der Ecke liegen 100 Euro."

Treffen sich zwei Blondinen, sagt die eine: „Dieses Jahr ist Weihnachten an einem Freitag!" Sagt die andere: „Hoffentlich nicht an einem 13ten!"

Zwei Blondinen gehen spazieren. Als beide an einem frisch gepflügten Acker vorbeikommen sehen sie, wie eine weitere Blondine mit einem Ruderboot versucht darüber zu paddeln.
Meint die eine Blondine zur anderen: „Siehst du, das ist der Grund, warum wir Blondinen immer für blöd gehalten werden."
Antwortet die andere Blondine erzürnt: „Da hast du recht! ... Ich könnte gerade rüber schwimmen und ihr eine reinhauen."

Da wir mit einem blonden Männerwitz begonnen haben, sollten wir (wieder aus Gründen der Gleichberechtigung und –behandlung) mit einem enden:

Zwei blonde Männer begeben sich auf ein Angelwochenende. Sie mieten das komplette Equipment: Angel, Stiefel, Motorboot, Auto, Anglerhütte im Wald... . Insgesamt geben sie 1500 Euro aus. Weder am ersten noch am zweiten Tag fangen sie auch nur einen Fisch. Kurz bevor sie wieder zusammenpacken, fängt schließlich einer doch noch einen Fisch. Niedergeschlagen begeben sie sich auf den Heimweg. Im Auto wendet sich der eine an den anderen: „Ist dir aufgefallen, dass uns dieser eine Fisch 1500 Euro gekostet hat?" Darauf der Andere ganz erleichtert.: „Boooh! Gott sei Dank haben wir nicht mehr Fische gefangen!"

Was meine Mia und ihre nicht minder cleveren, blonden Mitschülerinnen und Mitschüler betrifft, so gilt nachfolgendes Zitat:

Der Vorteil der Klugheit liegt darin, dass man sich dumm stellen kann.
Das Gegenteil ist schon schwieriger.

Kurt Tucholsky (1890 - 1935)
Deutscher Schriftsteller

Unabhängig davon sollten wir als diejenigen, die Blondinenwitze erzählen oder zulassen bzw. dieser Art von Witzen Raum geben uns deren möglichen (Aus-)Wirkungen bewusst sein. Lesen Sie diesbezüglich im Kapitel „Humor und Wissenschaft".

TOP-Elf der Witze

Die elf besten Witze eines Unterrichtsjahres: Aus den Witzen der Woche wird der Witz des Monats gekürt. Der Witz des Monats dann ausgehängt. Der Ausgestaltung hierbei sind Ihrer Fantasie und vor allem der Fantasie Ihrer Schülerinnen keine Grenzen gesetzt. Als Vorschlag: Hängen Sie immer am Ende eines Monats den gewählten „Witz des Monats" auf. Am Ende des Schuljahres haben Sie dann die elf besten Witze der 5a oder 8c oder... beisammen. Oder Sie schaffen ein neues Amt: Witzedienst. Dieser notiert den Wochenwitz, leitet die Abstimmung für den Witz des Monats, hängt auf und sammelt.

Nachfolgend ein Beispiel für eine Top-Elf Liste. Die Klassenstufe dürfen Sie raten.

<u>Witz des Monats September</u>
Die süße und kesse Tina zum Verkäufer: „Was kosten denn diese Schokoriegel?" Darauf der junge Verkäufer: „Pro Schokoriegel einen Kuss." ... „Alles klar, ich nehme fünf Stück ... meine Oma zahlt."

<u>Witz des Monats Oktober</u>
Zwei Jugendliche gehen von einer Halloween-Party nach Hause und beschließen die Abkürzung über den Friedhof zu nehmen. Mitten zwischen den Gräbern hören sie plötzlich ein Geräusch: Tock Tock Tock ... Tock Tock Tock ... Tock, Tock, Tock ... .
Zitternd vor Furcht schleichen sie sich weiter und finden schließlich einen alten Mann, der mit Hammer und Meißel einen Grabstein bearbeitet. Nachdem sie sich wieder von ihrem Schrecken erholt haben, fragt einer den Mann: „Hey, alter Mann, Sie haben uns fast zu Tode erschreckt ... wir dachten schon Sie wären ein Gespenst! Was machen Sie hier denn mitten in der Nacht?"
„Diese Idioten!", murmelt der alte Mann grimmig. „Die haben meinen Namen falsch geschrieben."

<u>Witz des Monats November</u>
Ein Modell sitzt während eines Langstreckenfluges neben einem Lehrer. Sie möchte unbedingt ihren Schönheitsschlaf halten, doch der Lehrer hält sie vom Schlafen ab. „Lassen Sie uns ein Spiel mit Fragen zum Allgemeinwissen

spielen", schlägt er vor. Das Modell ignoriert ihn. „Wir machen es ein bisschen interessanter", sagt er. „Wenn ich eine falsche Antwort gebe, zahle ich Ihnen 100 Euro. Antworten Sie falsch, schulden Sie mir fünf Euro."
Sie ist einverstanden. Der Lehrer fängt an: „Wie groß ist die Entfernung zwischen Erde und Mond?"
Das Modell gibt dem Lehrer fünf Euro. Dann ist sie dran. „Was geht ins Wasser mit einer Flosse kommt mit zwei Flossen wieder raus?" Der Lehrer hat nicht die leiseste Ahnung. Da er sein Smart-Phone dabei hat, sucht er im Internet und schickt jedem Bekannten in seinem Adressbuch eine SMS. Ohne Erfolg. Stunden später, nach langem grübeln, weckt er das Modell, gibt ihr 100 Euro und fragt: „Also, was ist es?"
Ohne ein Wort gibt sie ihm fünf Euro, dreht sich um und schläft weiter.

Der Witz des Monats Dezember
Ein alter Mann macht Urlaub auf einem Bauernhof. Dort gibt es kein richtiges Klo, sondern ein Plumpsklo. Als er auf dem Plumpsklo sitzt, geschieht ihm ein Missgeschick, sein Gebiss fällt hinein. Er fragt den Bauer, was man da machen könnte, da sein Gebiss sehr teuer war. Nach einigem Bitten lässt sich der Bauer überreden und entfernt die Verschalung über der Grube und der alte Mann steigt hinunter und geht auf Tauchstation. Nach einer Weile ruft der Bauer nach unten: „Haben haben Sie es gefunden?"
Ruft der alte Mann von unten zurück: „Nee, noch nicht. Habe schon drei Stück probiert, aber keines passt."

Der Witz des Monats Januar
Drei Rettungsschwimmer schieben Dienst an einem Badesee und sehen einem Surfer zu, der mitten auf dem See seine Runden dreht. Plötzlich kippt dieser um und versinkt im See. Die Rettungsschwimmer rasen mit ihrem Boot zu der Stelle, an der Surfer untergegangen ist, tauchen und ziehen den leblosen Körper ins Boot.
Dort fängt der erste gleich mit Mund-zu-Mund-Beatmung an, hört aber sofort auf und sagt: „Mann, der stinkt vielleicht! Tut mir leid, den beatme ich nicht!"
Sagt der zweite: „Spinnst Du! Hier geht es um Leben oder Tod! Lass mich das machen!"
Er beginnt und bricht auch sofort ab: „Nee, Jungs! Also ich beatme den auch nicht. Der stinkt ja wirklich schrecklich!"
Sagt der dritte: „Leute, ich glaube wir haben den Falschen erwischt, der da hat noch Schlittschuhe an."

Der Witz des Monats Februar

Schauen sich zwei Blondinen einen Cowboyfilm an, in dem ein Cowboy auf ein riesiges Kakteenfeld zureitet.

„Ich wette mit dir um 20 Euro, dass der da durchreitet!", sagt die eine Blondine.

„Ich wette, der reitet da nicht durch!", sagt die andere.

Der Cowboy reitet durch!

Sagt die erste: „Schon gut! Kannst die Kohle behalten! Ich hab den Film schon mal gesehen!"

Sagt die zweite: „Ich auch! Aber ich hätte nicht gedacht, dass der da noch mal durchreitet!"

Der Witz des Monats März

Ein Mann kommt in die Apotheke und fragt: „Haben Sie etwas Zucker?"

Der Apotheker geht nach hinten und kommt mit einem Glas Zucker wieder.

„Haben Sie vielleicht auch einen Löffel?", fragt der Mann.

Der Apotheker greift unter die Theke und holt einen Löffel hervor.

Der Mann nimmt mit dem Löffel etwas Zucker aus dem Glas, zieht ein kleines Fläschchen aus seiner Tasche und träufelt vorsichtig zwanzig Tropfen auf den Zucker.

„Probieren Sie doch mal", sagt er zum Apotheker.

Der probiert den beträufelten Zucker und fragt: „Und was soll das jetzt?"

„Mein Arzt hat mir gesagt: Gehen Sie in die Apotheke und lassen Sie Ihren Urin auf Zucker testen."

Der Witz des Monats April

Der König versammelt alle jungen Männer seines Königreiches und gibt bekannt, dass er seine Tochter zur Vermählung freigibt.

Vom Balkon seines Schlosses spricht er zu der Menge der Jünglinge: „Demjenigen, dem diese Feder aufs Haupt schwebt, der wird meine Tochter heiraten."

Er lässt die Feder fallen.

Und die Menge pustet … pustet … pustet …

Der Witz des Monats Mai

Ein Taxi-Passagier tippt dem Fahrer auf die Schulter, um etwas zu fragen. Der Fahrer schreit laut auf, verliert die Kontrolle über das Taxi, verfehlt um Haaresbreite einen entgegenkommenden Bus, schießt über den Gehsteig und kommt wenige Zentimeter vor einem Schaufenster zum Stehen. Für ein paar Sekunden ist alles ruhig, dann schreit der Taxifahrer laut los: „Machen Sie das nie, nie wieder!" Der Fahrgast ist ganz baff und entschuldigt sich verwundert: „Ich konnte ja nicht wissen, dass Sie sich wegen eines Schultertippens dermaßen erschrecken." „Naja", meint der Fahrer etwas ruhiger, „heute ist mein erster Tag als Taxifahrer. Die letzten 25 Jahre bin ich Leichenwagen gefahren."

Der Witz des Monats Juni
Was waren die letzten Worte des Sportlehrers?
„Alle Speere zu mir!"

Der Witz des Monats Juli
Der Lehrer zu Marc: „Du Marc, wer von Euch hat gestern von meinem Apfelbaum Äpfel geklaut?" Marc: „Herr Lehrer, ich kann hier in der letzten Reihe nichts verstehen."
„Das wollen wir doch einmal sehen", sagt der Lehrer. „Komm sofort nach vorn und setz dich auf meinen Platz. Und dann stellst du mir eine Frage."
Sie tauschen die Plätze. Da fragt Marc: „Herr Lehrer, wer hat gestern mit meiner großen Schwester rumgemacht?" Antwortet der Lehrer: „Marc, du hast recht. Hier hinten versteht man wirklich nichts."

Ist Ihnen auch etwas aufgefallen? Die Witze, die es in diese TOP-Elf Liste gebracht haben, sind länger, manchmal eklig (Latrine/Grube/Gebiss), manchmal gemein (Schlittschuhläufer), passen manchmal auch zur Jahreszeit (Halloween).

Dies hat mich veranlasst, selbst einmal zu „Googeln", um mehr über Witze und Humor zu erfahren. Was finden Kinder, Jugendliche, Männer und Frauen witzig, was bringt diese zum Lachen, aber auch nicht zum Lachen. Warum verziehen manche nicht eine Miene und warum biegen sich manche vor Lachen und dies beim gleichen Witz? Sind manche Menschen einfach humorvoller? Sind wir Deutschen humorvoll? Einiges dazu im Kapitel „Humor und Wissenschaft".

Drei Dinge helfen, die Mühseligkeiten des Lebens zu tragen:
Die Hoffnung, der Schlaf und das Lachen.

Immanuel Kant (1724 – 1804)
Deutscher Philosoph

Der witzigste Witz der Welt

Gibt es ihn? Den lustigsten Witz der Welt? Richard Wiseman hat im Auftrag der British Association for the Advancement of Science (BAAS) ein Projekt ins Leben gerufen, in dessen Rahmen er den witzigsten Witz der Welt finden wollte. Im Internet wurde eine Webseite eingerichtet (LaughLab / Lachlabor), auf der man seinen Lieblingswitz eingeben konnte. Dieser Witz wurde dann in ein Archiv aufgenommen. Per Zufall bekamen Besucher der Witzseite Witze zum Lesen und bewerteten die Witze auf einer Skala von „nicht sehr witzig" bis „sehr witzig". Um wissenschaftlich arbeiten zu können, um genaue Aussagen machen zu können, was bestimmte Menschengruppen (Männer, Frauen, Jugendliche, Erwachsene, Deutsche, Briten, Amerikaner, etc.) zum Lachen bringt, wurden auch einige Fragen zur Person/zu demjenigen, der den Witz bewertet hat, gestellt (Alter, Geschlecht, Nationalität). Innerhalb eines Jahres konnten (halten Sie sich fest) über 40 000 Witze gesammelt werden, die von (setzen Sie sich hin) mehr als 350 000 Menschen aus 70 Ländern bewertet worden waren. Dies entspricht ca. 110 Witzen und 960 Bewertungen pro Tag (ca. 5 Witzen und 40 Bewertungen pro Stunde)! Die Auswertung ergab eine Nummer eins:

„Zwei Jäger gehen durch den Wald, da bricht der eine plötzlich zusammen. Es sieht aus, als würde er nicht mehr atmen, und seine Augen sind glasig. Der andere zieht sein Handy heraus und wählt den Notruf. „Mein Freund ist tot", keucht er, „was soll ich tun"? „Immer mit der Ruhe", sagt der Mann am anderen Ende. „Erst mal müssen wir wissen, ob er wirklich tot ist." Schweigen, dann hört man einen Schuss. Der andere Mann greift wieder zum Telefon und sagt: „Okay, und jetzt?"

Quelle: Wiseman, Richard: Auf der Suche nach dem lustigsten Witz der Welt. Gehirn & Geist, Verlag Spektrum der Wissenschaft, April 2008, S.: 28-33.

Klasse Witz!

Sie mussten lachen, Sie finden diesen Witz klasse! Sie planen diesen in Ihr Witzerepertoire aufzunehmen und haben den inneren Drang, diesen Witz weiterzuerzählen. In diesem Fall überspringen Sie den nächsten Abschnitt.

Enttäuscht?

Sie haben gerade den witzigsten Witz der Welt gelesen und lachen nicht, schmunzeln maximal und vom „vor Lachen umfallen" und vor Lachen „Tränen in den Augen haben" sind Sie weit entfernt? Zudem kennen Sie eine Reihe ganz anderer Witze, bei denen Sie um ein Vielfaches mehr lachen müssen. Entweder war Ihre Erwartungshaltung an den „witzigsten Witz der Welt" zu hoch oder Sie gehören nicht zu den 55 Prozent der Menschen die Wiseman nennt, die diesen Witz als lustig eingestuft haben. Immerhin ca. 192 500 taten dies, 157 500 nicht.

*Die Ergebnisse der weiteren Auswertung mündeten in folgendem Fazit: „Unterschiedliche Menschen finden unterschiedliche Dinge lustig. Frauen lachen über Witze in denen Männer blöd aussehen. Ältere Menschen lachen über Witze, in denen es um Gedächtnisverlust und Hörstörungen geht. Machtlose lachen über Machthaber. **Kein Witz bringt alle gleichermaßen zum Lachen"** (Wiseman, 2008, S.: 33).*

Das hätten Sie Wiseman auch schon vor der Suche nach dem „witzigsten Witz der Welt" und vor der Analyse der Daten sagen können, werden Sie jetzt sicherlich denken. Die einzelnen Ergebnisse der Untersuchung von Wiseman sowie die Hinweise auf Ergebnisse anderer Untersuchungen zur Humorforschung sind jedoch höchst interessant und hilfreich. Lesen Sie hierzu im Kapitel „Humor und Wissenschaft".

Wo Phantasie und Urteilskraft sich berühren, entsteht Witz - wo sich Vernunft und Willkür paaren, Humor.

Novalis (1772 - 1801)
Deutscher Schriftsteller, Philosoph und Bergbauingenieur

Der tödlichste Witz der Welt

Vielleicht kennen Sie die britische Komiker-Gruppe Monty Python und deren Sketch „Killer Joke". Der Sketch spielt im Zweiten Weltkrieg. Ein britischer Witzfabrikant erfindet den lustigsten Witz der Welt und lacht sich darüber tot. Auch alle anderen, die bei der Klärung der Todesumstände den Witz lesen, sterben vor Lachen. Die britische Armee hat die Idee, den Witz als Kriegswaffe gegen die Deutschen einzusetzen. Die Übersetzer wagen sich jeweils immer nur an ein Wort, um nicht vor Lachen umzukommen. Einer muss ins Lazarett, da er versehentlich zwei Worte übersetzt. Die deutsche Übersetzung ergibt einen absoluten Nonsens-Text, der jedoch auf dem Schlachtfeld erfolgreich wirkt: Alle Deutschen, die den Witz hören, können nicht mehr weiterkämpfen und lachen sich zu Tode! Die Deutschen ihrerseits planen daraufhin einen Vergeltungswitz (V-Joke / hier als Anspielung auf die deutschen Vergeltungswaffen). Die Vergeltungswitze der Deutschen bleiben jedoch erfolglos. 1945 bricht dann der Frieden aus. Die Genfer Konventionen verbieten die Witzkriegsführung und die letzte erhaltene Version des tödlichen Witzes wird… …ach schauen Sie sich den Sketch doch selbst an: Leicht zu finden auf www.youtube.com. Vorsicht: Britischer Humor! Wenn Sie bei Monty Python bisher nicht lachen mussten, so sparen Sie sich die Mühe.

Wie meine Schüler auf den Witz reagieren, steht noch aus. Ob sich daraus ein Auftrag für einen (besseren) Sketch ergibt auch. Sie merken, der Monty-Python Humor gehört nicht zu meinen Favoriten.

Was man bezüglich dieses Sketches im Rahmen einer Theater-AG oder im Rahmen des Deutschunterrichtes (oder Englischunterricht!?) machen kann (Geschichte/Thema/Idee kurz umreißen, dann die Schülerinnen selbst kreativ werden/aufschreiben/erzählen lassen, dann erst Original ansehen), können Sie als Deutschlehrer (Englischlehrerin…) besser abschätzen als ich.

Ein Scherz, ein lachendes Wort entscheidet über größte Dinge oft treffender und besser als Ernst und Schärfe.

Horaz (65 - 8 v. Chr.)
Römischer Dichter

Gesund gelacht

Humor ist das Salz der Erde und wer gut durchgesalzen ist,
bleibt lange frisch.

Karel Capek (1890 - 1938)
Tschechischer Schriftsteller

Wer möchte das nicht: „Lange frisch bleiben!" Hält Humor „frisch"? Hält Lachen „frisch"? Es gibt eine Vielzahl an Personen unserer Welt- und Zeitgeschichte, die Humor, Witz und Lachen in Form von Lebensweisheiten kundtaten und an die lebensverlängernde oder/und gesunderhaltende oder/und -machende Wirkung von Lachen und Humor glaubten. Wie viel Wahrheit in diesen Spruchperlen (wie Anton Korduan www.seelen-nahrung.de diese nennt) steckt, dessen hat sich auch die Humorforschung angetan. Gerne zitiere ich nachfolgend ein paar Erkenntnisse, die ich im Frühjahr 2012 auf der Seite des „Deutschen Instituts für Humor" (www.humorinstitut.de) und bei Richard Wiseman (Wiseman, 2008) gefunden habe. Gerne im Wechsel mit einer kleinen Auswahl weiterer Spruchperlen zur Thematik.

Jede Minute, die man lacht,
verlängert das Leben um eine Stunde.

Chinesisches Sprichwort

Lachen und Humor stärkt das Immunsystem erheblich! Humorvolle Menschen und diejenigen, die Stress mit Humor bekämpfen, erleiden um 40 Prozent seltener einen Schlaganfall oder Herzinfarkt, fühlen weniger Schmerzen und leben fast fünf Jahre länger! Eine Empfehlung der Wissenschaft: Jeder Mensch sollte täglich mindestens 15 Minuten lachen (vgl. Wiseman, 2008, S. 28ff.).

Durch Lächeln und noch mehr durch Lachen
wird die kurze Spanne des Lebens verlängert.

Laurence Sterne (1713 - 1768)
Englischer Schriftsteller

Lachen ist eine körperliche Übung von großem Wert für die Gesundheit.

Aristoteles (384 – 322 v. Chr.)
Griechischer Philosoph

„Positiver, gutmütiger Humor wirkt sich positiv auf die Gesundheit aus, während negativer, herabsetzender Humor eher mit Gesundheitsproblemen in Verbindung gebracht wird. Menschen, die Humor erkennen und zur Bewältigung von Problemen nutzen, vermelden weniger Krankheitssymptome. Menschen, die Humor besonders schätzen, haben auch weniger Angst vor ernsthaften Krankheiten oder vor dem Tod. Sie tendieren dazu, Probleme als Herausforderung und nicht als Bedrohung zu sehen." (Kuiper, Nicholas A.; Nicholl, Sorrel: Denkst du, dass es dir besser geht? Sinn für Humor und Gesundheit. Humor 17–1/2 (2004), S. 37–66. Zusammengefasst von Kareen Klein, www.humorinstitut.de/medizin.html, 18.02.2012)

Nichts in der Welt ist so ansteckend wie Gelächter und gute Laune.

Charles Dickens (1812 - 1870)
Englischer Schriftsteller

Nichts ist gesünder in der Welt, als ab und zu – sich krank zu lachen.

Oskar Blumenthal (1852 - 1917)
Deutscher Schriftsteller, Kritiker und Bühnendichter

Jahreszeiten Witze

Irgendwann erschöpft es sich. Irgendwann ist es schwierig über den gerade aktuellen Witz ein x-tes Mal zu lachen. Dann gibt es die Möglichkeit, z. B. die Jahreszeiten oder besondere Ereignisse mit einzubinden und die Vorgabe zu machen, dass die aktuelle Jahreszeit oder das Ereignis im Witz vorkommen oder etwas mit dem Witz zu tun haben muss. Ostern, Weihnachten, Schuljahresanfang... und einen ganzen Monat nur Witze bezogen auf diese Jahreszeit / das Ereignis. Auch die Kapitelüberschrift des nächsten Kapitels liefert hier ein Beispiel für die Beschränkung auf ein bestimmtes Thema.

Was die Suche nach passenden Witzen betrifft. Hier müssen Sie sich keine Mühe machen. Die Kinder finden einige oder sind bei der Ausgestaltung kreativ. Beispiele gefällig?

Frühjahr
„Herr Direktor, darf ich heute früher nach Hause gehen?"
„Warum?"
„Ich will meiner Frau beim Frühjahrsputz helfen."
„Kommt gar nicht in Frage!"
„Danke, Herr Direktor, ich wusste, dass Sie mich nicht im Stich lassen."

Ostern
Der feste Freund der großen Schwester ist Ostern zum Mittagessen eingeladen worden. Nach dem Essen sagt er: „Mein großes Kompliment. So gut habe ich lange nicht mehr gegessen!" Da meint der kleine Bruder: „Wir auch nicht."

Schulanfang
Es ist Schulanfang, die Lehrerin kommt ins Klassenzimmer. Dann will sie wissen, wie die Kinder heißen. Ein Junge meldet sich und ruft: „Ich heiße Hannes." Die Lehrerin aber sagt: „Ich nenne dich Johannes." Jetzt meldet sich ein Mädchen und sagt: „Ich heiße Hanna." Die Lehrerin sagt wieder: „Ich nenne dich aber Johanna." Dann meldet sich wieder ein Junge und sagt: „Ich heiße eigentlich Kurt, aber du nennst mich sicher Joghurt!"

Sommer
Was ist die gefährlichste Jahreszeit?
Der Sommer: Die Sonne sticht, die Salatköpfe schießen, die Bäume schlagen aus und der Rasen wird gesprengt.

Herbst
In der Religionsstunde fragt der Pfarrer: „Wer von euch kann mir sagen, wie lange Adam und Eva im Paradies waren?"
„Bis zum Herbst", antwortet ein Schüler.
„Wieso bis zum Herbst?", fragt der Pfarrer.
„Weil dann die Äpfel reif sind!"

Weihnachtszeit
Ruft die Mutter ihrem kleinen Sohn im Nebenzimmer zu: „Martin. Zünde doch schon mal den Adventskranz an!"
Nach einer Minute kommt die Frage zurück: „Auch die Kerzen, Mama?"

Weihnachten
Unterhaltung kurz nach Weihnachten: „Erzähl mal, war eigentlich unter deinen Weihnachtsgeschenken auch eine echte Überraschung?"
„Aber ja! Ich bekam von meinem Chef ein Buch, das ich meinem Kollegen Müller vor Jahren geliehen hatte!"

Silvester / Jahreswechsel
Auf der Silvesterparty ist die Stimmung auf dem Höhepunkt. Als die Uhr zwölf schlägt, hebt der Gastgeber sein Glas und prostet strahlend seinen Gästen zu: „Liebe Gäste, das neue Jahr scheint ein gutes Jahr zu werden, es hat pünktlich auf die Minute angefangen!"

Durch Lachen verbessere ich die Sitten.

Horaz (65 - 8 v. Chr.)
Römischer Dichter

Tierische Witze

An die Stelle von Menschen rücken Tiere. Manchen Tieren werden Besonderheiten nachgesagt (Fuchs = schlau, Schaf/Esel = dumm, ...) oder die Eigenschaften und Besonderheiten der Tiere spielen eine Rolle (Schnecke = langsam, Igel = Stacheln, ...). Regel für z. B. den Monat Mai: Nur Tierwitze sind erlaubt / werden erzählt! Das Eingrenzen auf ein Tier (ggf. wochenweise) bleibt Ihnen überlassen. Passt auch, wenn Sie das Thema Fabeln behandeln!

Dass Sie die meisten tierischen Witze nur bis zum Alter von zehn/elf Jahren erzählen können, bemerken Sie schnell selbst.

Nachfolgend ein paar tierische Witze über die eher die „Kleinen" lachen. Dazwischen habe ich zwei versteckt, die auch bei den „Großen" bisher gut ankamen.

Trifft die Katze im Winter eine Schnecke, die gerade dabei ist auf einen Baum zu kriechen. „Was willst du denn hier?"
„Kirschen essen", antwortet die Schnecke.
„Aber es ist doch Winter!"
„Bis ich oben bin nicht mehr."

Drei durstige Schildkröten sind zu einer Quelle unterwegs.
Sie laufen fast ein Jahr und endlich kommen sie an. Gierig wollen sich die ersten beiden Schildkröten auf das Wasser stürzen, da bemerkt die dritte, dass sie ihre Trinkbecher vergessen haben.
„Ach, das ist doch egal!", sagt die erste Schildkröte.
„Ich habe so einen Durst!", klagt die zweite Schildkröte.
„Nein, nein", sagt die dritte Schildkröte, „ohne Trinkbecher, das geht doch nicht! Wo bleiben denn da die Manieren! Passt auf: Ihr wartet hier und ich gehe zurück und hole unsere Trinkbecher."
Die anderen lassen sich wohl oder übel darauf ein, setzen sich auf einen Stein und warten. Sie warten über zwei Jahre, da hält es die eine Schildkröte nicht mehr aus und sagt zur anderen: „Also mir ist es jetzt egal, ich muss was trinken!"
Sie geht zur Quelle und gerade als sie einen Schluck nehmen will, kriecht die dritte Schildkröte aus einem Busch hervor und sagt:
„Also wenn ihr schummelt, gehe ich erst gar nicht los!"

Der besorgte Schneckenvater warnt seinen Sohn: „Dass du mir ja nicht über die Straße rennst, in zwei Stunden kommt der Bus!"

Stehen ein Zebramädchen, ein Elefanten- und ein Nashornjunge in der Savanne zusammen und grasen. Das Zebra-Mädchen hört nach ein paar Bissen auf und sagt, dass es genug hat. Der Elefantenjunge zum Nashornjungen: „Die Mädchen müssen auf ihre Linie achten." Daraufhin mustert der Nashornjunge das Zebramädchen: „Die haben auch viele."

Ein Nerz klopft an die Himmelstür.
Petrus öffnet und sagt: „Weil man dir auf Erden nachgestellt hat, hast du einen Wunsch frei."
Darauf der Ankömmling schüchtern: „Ein Mäntelchen aus reichen Frauen."

Eine Katze und eine Maus kommen in eine Bäckerei. „Ich möchte bitte ein Stück Pflaumenkuchen mit Sahne", sagt die Maus.
„Und Sie?", fragt die Verkäuferin die Katze.
„Ich möchte nur einen Klacks Sahne auf die Maus."

Eine Maus unterhält sich mit einer Giraffe.
Die Giraffe gibt mächtig an: „Es ist toll, so einen langen Hals zu haben wie ich. Beim Essen kann ich jeden Bissen so lange genießen, bis er in den Magen wandert! Im Sommer etwas Kaltes zu trinken ist so erfrischend, bei meinem langen Hals gleitet das kühle Nass langsam hinunter und erfrischt mich total."
Fragt die Maus spitz: „Hast du dich schon mal übergeben?"

Zwei Bären sitzen vor ihrer Höhle und schauen zu, wie im Herbst das Laub von den Bäumen fällt. Da sagt einer der Bären: „Eins sag ich dir, irgendwann lasse ich den Winterschlaf ausfallen und sehe mir den Typen an, der im Frühling die Blätter wieder an die Bäume klebt!"

Eine Schlange zur anderen: „Du, sind wir eigentlich giftig?" Sagt die andere: „Wieso willst du das wissen?" – „Ich habe mir grade auf die Zunge gebissen!"

Ein Hai hat gerade einen Windsurfer gefressen und meint zufrieden: „Wirklich nett serviert, so mit Frühstücksbrettchen und Serviette!"

Sitzen drei Mäuse in einer Bar und erzählen sich, wer die stärkste ist.
Sagt die erste Maus: „Ich habe letztens eine Mausefalle gesehen, da habe ich den Bügel hochgehalten und mir das Stück Käse rausgenommen, habe den Bügel runterfallen lassen und mir ist nichts passiert!"
Sagt die zweite Maus: „Ach, das ist ja gar nichts! Ich habe letztens eine Rattenfalle gesehen. Da war ein großes Stück Speck drin. Da habe ich den Bügel hochgehalten, den Speck rausgenommen. Dann habe ich die Rattenfalle zerbrochen und in die Ecke geworfen."
Dritte Maus: „Herr Ober, bitte zahlen!"
Da sagen die anderen beiden Mäuse: „Hey, du musst uns auch noch etwas erzählen!"
„Sorry, keine Zeit, ich muss nach Hause und die Katze verkloppen!"

Der Hamster, der Hase, der Fuchs, der Bär und der böse Wolf wohnen im Wald. Der böse Wolf kann aber den Hamster nicht leiden und schmeißt ihn aus dem Wald raus. Nun ist der Hamster sehr traurig, denn er möchte gerne wieder zurück in den Wald zu seinen Kameraden. Irgendwann kommt der Hase vorbei gehoppelt und der Hamster fragt: „Hase, nimmst mich wieder mit in den Wald?" Der Hase: „Nein, ich hab zu viel Angst vorm Wolf!"
Später kommt der Fuchs beim Hamster vorbei. Der Hamster fragt auch ihn: „Fuchs, nimmst du mich wieder mit in den Wald?" Der Fuchs antwortet: „Nein, bist du verrückt! Ich leg mich doch nicht mit dem Wolf an!", und geht weiter. Der Hamster ist schon fast am verzweifeln, als der Bär angestapft kommt. Er fragt auch ihn: „Hallo Bär, nimmst du mich wieder mit zurück in den Wald?" Der Bär: „Kein Problem." Er nimmt ihn auf und steckt ihn in seine Westentasche. Als der Bär so durch den Wald stapft, trifft er auf den Wolf. Dieser fragt: „Hey Bär, ich glaub hier riecht es nach Hamster!" Bär: „Wiesoooo?" Wolf: „Zeig mal her, was du da so in deiner Westentasche versteckt hast!" Bär: „Mein Schlüsselbund, meinen Ausweis...", dann haut er sich kräftig mit der Tatze auf die Westentasche „...und ein Bild vom Hamster."

Der Witz setzt immer ein Publikum voraus. Darum kann man den Witz auch nicht bei sich behalten. Für sich allein ist man nicht witzig.

Johann Wolfgang von Goethe (1749 - 1832)
Deutscher Schriftsteller

Schräge Witze

Was für die Unterstufe die „Tierischen Witze" sind, sind für die Oberstufe die „Schrägen Witze". Witze, die häufig jedwede Logik und Nachvollziehbarkeit vermissen lassen, eigentlich immer irritieren, die jedoch durch ihre besondere Art (und wenn ich mich darauf einlasse / einlassen will) durchaus lustig sind. „Nachts ist es kälter als draußen" ist Ihnen mit Sicherheit bekannt und gehört in diese Kategorie.

Ihren Witz erhalten die „Schrägen Witze" manchmal auch durch Wortverdrehungen und Wortveränderungen, sodass ein Teil der Witze durchaus auch dem Kapitel Wortwitze zugeordnet werden könnte.

Am besten bereiten Sie sich jetzt innerlich auf das Schlimmste vor, nehmen vor Ihrem geistigen Auge eine 8. oder 9. Klasse ins Visier und lassen die folgenden Witze auf sich wirken.

Sitzt eine Kuh auf einem Baum und strickt. Kommt ein Esel vorbeigeflogen und fragt: „Was machst du denn da?"
„Das siehst du doch: Ich stricke Atombomben!"
„Komisch", denkt der Esel und fliegt weiter. Plötzlich hört er eine laute Explosion und fliegt schnell zurück. „Was ist denn passiert?", fragt der Esel die Kuh. „Nichts. Ich habe nur eine Masche fallen lassen."

Was ist grün und hoppelt durch den Wald?
Ein Rudel Gurken.
Was ist durchsichtig und springt hinterher?
Das Gurkenglas.

Spielen zwei Düsenjäger Tennis. Kommt ein Meter Ketchup vorbei und fragt, ob er mitspielen darf. Daraufhin schreit einer der Düsenjäger den Meter Ketchup an, er solle verschwinden. Fragt der andere Düsenjäger, warum er den Meter Ketchup nicht hat mitspielen lassen. Antwort: „Hast du nicht gesehen, der hatte keine Turnschuhe an!"

Sitzen zwei Flugzeuge im Kino.
Da kommt ein Panzer herein.
Sagt das eine Flugzeug zum anderen: „So ein Quatsch! Ein Panzer im Kino!"

Treffen sich zwei und einer kommt nicht.

Sitzen zwei im Stehcafe.

Das indianische Wort für Windows?
„Mensch-starrend-wartend-auf-Sanduhr."

Stehen zwei Fliegenpilze im Wald nebeneinander, sagt der eine: „Schade, dass Pilze nicht sprechen können!"

Was ist der Unterschied zwischen einem Reh?
Gleich lang, besonders das Rechte.

Rechts sitzt man sicherer als im Flugzeug.

Sitzt ein Schaf am Straßenrand und strickt sich ein U-Boot. Kommt die Polizei und sagt: „Stopp, hier ist Angeln verboten!" Sagt das Schaf: „Was interessieren mich die Himbeerpreise, ich bin mit dem Fahrrad hier!"

Ich kann mir gerade Ihren Gesichtsausdruck vorstellen! Auch das „HÄH" mit großem Fragezeichen in Ihrem Kopf. Und wenn Sie glauben, es geht nicht schlimmer, dann erzählen Sie doch mal ein oder zwei dieser Witze einer Gruppe von 14-jährigen und lassen dann die Jugendlichen erzählen. Dies funktioniert besonders, wenn die Gruppe sowieso gerade in der „Schräge Witze" Phase ist. Sie werden staunen, was alles für witzig befunden wird, wie groß der Fundus ist und vor allem, was es alles für „Schräge Witze" gibt.

Ich beeile mich, über alles zu lachen, um nicht gezwungen zu sein, darüber zu weinen.

Pierre Augustin Caron de Beaumchais (1732 - 1799)
Französischer Unternehmer und Schriftsteller

Gemeine Witze

Es ist schon seltsam, dass bestimmte Menschen immer in die gleiche Kategorie fallen: Die Schwiegermutter kommt schlecht weg, die eigene Frau, häufig die Blondine, früher der Mantafahrer mit seiner Friseuse, die Erbtante sowieso und manchmal auch die Männer und Väter. Gemein ist man zu ihnen allen! Und dies gerne. Natürlich nur gemein im Witz, obwohl man doch mehr nette Schwiegermütter, Frauen, Erbtanten..., kennt. Doch um die Vorurteile weiter zu bedienen, finden Sie nachfolgend ein paar gemeine Witze.

Besonderer Hinweis: Sie als Vater, Mutter, Ehemann, Ehefrau, Schwiegermutter, Erbtante/-onkel, Arzt, Patient... gehören selbstverständlich nicht dazu. Jetzt stellt sich mir als Mann doch noch eine Frage: „Warum gibt es eigentlich keine Witze über Schwiegerväter?"

Schwiegermutter ist gestorben.
Der Mann vom Bestattungsinstitut fragt: „Beerdigung oder Einäscherung?"
Antwortet er: „Beides, ich möchte auf Nummer sicher gehen."

Krankenbesuch bei der Erbtante.
„Herr Doktor, seien Sie bitte absolut ehrlich. Muss ich das Beste hoffen oder darf ich das Schlimmste befürchten?"

Ein Opa geht mit seinem Enkel spazieren, und sagt: „Nun sieh dir doch nur diese schönen, saftigen Wiesen an." Er knickt einen Grashalm ab und kaut darauf herum. Fragt der Enkel: „Opa, bekommen wir jetzt ein neues Auto?" „Wie kommst du denn darauf?" Enkel: „Nun, weil Papa gesagt hat, wenn Opa ins Gras beißt, bekommen wir ein neues Auto."

Das böse Schweinchen trifft die liebe und gute Fee im Wald:
„Schweinchen, schön dass ich dich treffe. Du hast zwei Wünsche frei!"
„Siehst du diesen Baum?", sagt das böse Schweinchen. „Schlage einen Nagel so rein, dass niemand auf dieser Welt ihn herausziehen kann. Niemand, auch nicht du!"
„Gut, erledigt. Und was wünscht du dir noch!"
„Ziehe ihn heraus."

Tausche neuwertiges und schwer verständliches Buch über Empfängnisverhütung gegen gebrauchten Kinderwagen.

Ein alter und ein junger Jäger sind auf der Hirschjagd. Nach stundenlangem Warten erscheint ein prächtiger Hirsch auf der Lichtung. Der junge Jäger reißt das Gewehr hoch, aber der alte drückt es ihm wieder nach unten: „Nein, nicht auf den, der ist noch zu jung!"
Sie warten weiter. Ein anderer Hirsch kommt und wieder will der junge Jäger anlegen. Der alte verhindert wieder den Schuss.
Einige Zeit später kommt ein gar fürchterlich zugerichteter Hirsch aus dem Wald gehumpelt, er hinkt, ist einäugig, ein Ohr fehlt ganz, das andere zerfleddert, löchriges Fell und nur noch ein paar Stummel anstelle des Geweihs. Da sagt der Senior-Jäger: „So, jetzt schieß! Auf den schießen wir immer."

Endlich sind die beiden Teppichverleger mit dem großen Wohnzimmer fertig. Aber der neue Teppichboden hat in der Mitte noch eine Beule.
„Das sind meine Zigaretten!", sagt der eine Arbeiter.„Ehe wir alles noch einmal rausreißen, treten wir die einfach platt."
Gesagt getan. Da kommt die Dame des Hauses herein.
„Ich habe Ihnen Kaffee gemacht. Und einer von Ihnen hat seine Zigaretten in der Küche liegen lassen. Ach übrigens, haben Sie unseren Hamster gesehen?"

Der Ehemann liest Zeitung, plötzlich meint er: „Die größten Esel heiraten die schönsten Frauen!" Seine Gattin lächelt: „Oh, du alter Schmeichler!"

Treffen sich drei Männer in der Kneipe und unterhalten sich über die Geschenke, welche sie ihren Frauen gemacht haben. Der erste sagt: „Es ist schwarz und von 0 auf 100 in sechs Sekunden." Die beiden anderen: „Wow, nicht etwa ein Porsche?" Der erste: „Yep, richtig." Der zweite: „Ich schenke meiner Frau etwas in Rot, das vier Sekunden benötigt von 0 auf 100." Die anderen beiden: „Mann, nicht etwa einen Ferrari?" Der zweite: „Doch genau!" Fehlt nur noch der dritte: „Silbern, von 0 auf 100 in zwei Sekunden." Die beiden anderen grübeln, wollen es nicht wahrhaben, sind sich sicher, der Ferrari ist wohl das Schnellste, was es derzeit auf dem Markt gibt und geben auf. Darauf der dritte: „Ich habe ihr eine Waage geschenkt."

Ein Städter fährt zur Entenjagd aufs Land. Als er eine Ente sieht, zielt er und
schießt. Doch der Vogel fällt auf den Hof eines Bauern und der rückt die Beute
nicht heraus. „Das ist mein Vogel!", besteht der Städter auf seinem Recht.
Der Bauer schlägt vor, den Streit, wie auf dem Land üblich, mit einem Tritt in
den Unterleib beizulegen. „Wer weniger schreit, kriegt den Vogel."
Der Städter ist einverstanden. Der Bauer holt aus und landet einen gewaltigen
Tritt in den Weichteilen des Mannes. Der bricht zusammen und bleibt für eine
Viertelstunde am Boden liegen. Als er wieder aufstehen kann, keucht er:
„Okay, jetzt bin ich dran."
„Nee...", sagt der Bauer im Weggehen, „...nehmen Sie die Ente."

„Fritzchen, was ist dein Lieblingstier?"
„Schwein, tot, zerhackt, paniert, mit Pommes und Ketchup!"

Liest sie ihm aus der Zeitung vor.
„Hier steht, dass ein Mann seine Frau mit dem Golfschläger umgebracht hat."
„Interessant, wie viele Schläge hat er denn gebraucht?"

Der Student soll an einer Puppe eine Zangengeburt demonstrieren.
Schweißgebadet arbeitet er daran.
Klopft ihm der Professor auf die Schulter und meint:
„Wenn Sie jetzt noch dem Vater die Zange auf den Schädel hauen, haben Sie
die ganze Familie ausgerottet."

Nach der Hochzeitsnacht ruft sie unter Tränen ihre Mutter an.
„Mutti, wir hatten gestern den ersten großen Streit."
„Beruhige Dich, das kommt in jeder Ehe mal vor."
„Ja, aber ich weiß nicht wohin mit der Leiche."

„Finden Sie auch, dass mein Sohn mir ähnlich sieht?"
„Ach, das sollten Sie nicht so tragisch nehmen. Hauptsache er ist gesund!"

Neulich in der Metzgerei: „Ich hätte gerne 200 Gramm Kalbsleberwurst, aber
von dieser groben Fetten." Daraufhin der Metzger: „Tut mir leid, aber die ist
gerade auf Fortbildung."

Papa soll das Baby baden. Die Mutter hört ein lautes Geschrei und schaut ins Badezimmer. Dort sieht sie, wie der Vater das Kind an den Ohren hält und durchs Wasser zieht. Schreit sie:
„Bist du verrückt, so macht man das nicht. Da nimmt man eine Hand unter den Popo und eine unter den Kopf und schwenkt es vorsichtig durchs Wasser!"
Knurrt er: „Soll ich mir etwa die Hände verbrühen?"

Nach einer wilden Verfolgungsjagd stoppt die Polizei den schnellen Rudi.
„So viel Spaß hatte ich den ganzen Tag nicht", sagt der Polizist.
„Wenn Sie eine gute Entschuldigung haben, dann lassen wir das mit dem Strafzettel."
„Vor drei Wochen hat mich meine Frau wegen eines Polizisten verlassen...", erklärt Rudi nach kurzem Nachdenken, „...und als ich Ihr Auto kommen sah, fürchtete ich, Sie wollten sie zurückbringen."

„Meine Frau redet kein Wort mehr mit mir."
„Warum denn das?"
„Ich hab heute früh ein Katerfrühstück zu mir genommen."
„Na und?"
„Nun ja, sie hing so an dem Tier."

Sitzt ein Ehepaar vor dem Fernseher sagt die Frau: „Schatzi, findest du nicht auch, dass Nagetiere dumm sind?" Sagt er: „Ja, Mäuschen."

Ein Schotte, der seit einem Jahr seine Frau vermisst, erhält von der Polizei ein Telegramm: „Frau gefunden – Stopp - ertrunken - Stopp - Körper über und über mit Perlen und Muscheln übersät - Stopp - erbitten Nachricht – Stopp".
Der Schotte schreibt zurück:
„Muscheln und Perlen absammeln - Stopp - Köder wieder auswerfen."

Es ist unmöglich, witzig zu sein, ohne ein bisschen Bosheit.
Die Bosheit eines guten Witzes ist der Widerhaken, der ihn haften lässt.

Richard Brinsley Sheridan (1751 – 1816)
Irischer Dramatiker und Politiker

Männer Witze

Liebe Frau, liebes Mädchen, liebe Leserin, die sich von der Kategorie Männerwitze nicht gleich hat abschrecken lassen. Hier finden Sie nicht Witze für Männer, sondern über Männer. Endlich! ... Endlich! ... Witze, um es denen mal witzig heimzuzahlen, die so häufig Witze über Sie (egal ob Sie Mutter, Ehefrau, Erbtante, Schwiegermutter oder blond sind) machen.

Lesen Sie gleich los! Überspringen Sie die folgenden, nichtssagenden Worte an die Männer und lesen Sie unten bei den „Männer Witzen" weiter.

Lieber Mann, lieber Junge, lieber Leser, Sie wissen es selbst, wir Männer können über uns lachen. Uns Männern macht es nicht im Geringsten etwas aus, wenn man über uns lacht. Wir wissen dies einzuschätzen! Lachen mit oder verziehen lässig das Gesicht (Mundwinkel etwas nach unten und Augenbrauen nach oben), nicken ggf. mitleidig, sind aber niemals beleidigt.

In diesem Kapitel finden Sie Witze über uns Männer, natürlich viel, viel, viel, viel weniger, als der Mann ertragen kann.

...

Sie als Lehrer sollten immer ein paar der nachfolgenden griffbereit haben, falls von den Kids nur Witze kommen, bei denen das andere Geschlecht schlecht wegkommt und die Mädels und jungen Frauen daraufhin immer mürrischer dreinblicken. Einen der nachfolgenden erzählt und plötzlich steht es nicht mehr 10:0 im „Geschlechterkampf", sondern 10:1 oder 10:2, die Stimmung ist gut, die Mädels fühlen sich als Sieger, aber Sie und Ihre Jungs haben mitgezählt und wissen, beim Fußball zählt nicht das letzte Tor, sondern das Gesamtergebnis.

Wie nennt man einen intelligenten, sensiblen und gut aussehenden Mann?
Ein Gerücht.

Was war der erste Mann auf dem Mond?
Ein guter Anfang.

Wie nennt man einen Mann mit einem IQ von 50?
Begnadet.

Was ist der Unterschied zwischen einer Katze und einem Mann?
Das eine ist ein verlauster Vielfraß, dem es egal ist, wer ihm das Futter gibt,
das andere ist ein Haustier.

Er: „So was wie ich wächst nicht auf Bäumen."
Sie: „Ich weiß, so was schwingt sich von Ast zu Ast."

„Es ist ein Wunder!", schrie der Mann und weckte seine Frau auf. „Als ich
eben ins Bad kam, ging das Licht an, obwohl ich den Schalter überhaupt nicht
berührt habe. Als ich fertig war, ging das Licht von alleine wieder aus. Ich sag's
dir, es ist ein wahres Wunder!"
„Überhaupt kein Wunder", sagt die Frau gähnend, „du hast bloß wieder in
den Kühlschrank gepinkelt."

Was ist ein Mann in Salzsäure?
Ein gelöstes Problem.

Ein Mann steht im Sexshop und blättert in den Magazinen, als plötzlich sein
Handy klingelt. Es ist seine Frau. Verwundert fragt er: „Woher weißt du, wo
ich bin?"

Ein Mann setzt seinen Porsche gegen eine Mauer - Totalschaden.
Er steigt aus und schreit: „Mein Porsche, mein Porsche!"
Ein Vorübergehender blickt ihn entsetzt an: „Aber schauen Sie doch, Ihre
Hand ist ab!"
Der Mann: „Meine Rolex, meine Rolex!"

Wie sortieren Männer ihre Wäsche?
In zwei Stapeln: „dreckig" und „dreckig, aber tragbar".

Was sollte man einem Mann schenken, der alles hat?
Eine Frau, die ihm zeigt, wie es funktioniert.

„Wir haben also gesehen, dass das männliche Gehirn das weibliche übertrifft"
doziert der Lehrer in einer Mädchenklasse. „Was folgt daraus?"
Stimme aus der Klasse: „Dass es nicht auf Quantität ankommt."

Was ist der Unterschied zwischen einem Mann und einem Autoreifen?
Der Reifen hat Profil.

Was haben Wolken und Männer gemeinsam?
Wenn sie sich verziehen, kann es noch ein schöner Tag werden.

Warum sind Blondinenwitze immer so kurz?
Damit die Männer sie auch verstehen.

Es gibt zwei Grundwahrheiten:
1. Männer sind klüger als Frauen.
2. Die Erde ist eine Scheibe.

Wie nennt man einen Mann, der 90% seiner Denkfähigkeit verloren hat?
Einen Witwer.

Was ist der Unterschied zwischen Joghurt und einem Mann?
Joghurt hat Kultur.

Männer sind unbestechlich!
Die meisten nehmen nicht einmal Vernunft an.

Wie nennt man einen Mann, der einer Frau die Wagentür aufhält?
Chauffeur.

Wie bricht man einem Mann den Finger?
Durch einen kräftigen Schlag auf die Nase.

Wie nennt man eine Frau, die wie ein Mann arbeitet?
Faules Weib.

Alle Frauen, die sich beschweren, dass sie keinen Mann finden, hatten offensichtlich noch nie einen.

„Hör mal, dein Mann hat mir erzählt, er führe zu Hause ein Hundeleben", sagt die eine.
„Stimmt", bestätigt die andere, „er kommt mit schmutzigen Füßen ins Haus, macht es sich vor dem Ofen bequem und lauert aufs Essen."

Ehefrau: „Ich habe im Lotto gewonnen! Fünf Millionen. Fang an zu packen!"
Ehemann: „Das ist toll. Was soll ich packen?"
Ehefrau: „Was du willst. Sei einfach nur aus dem Haus, bis ich wieder da bin."

Wie kann man einen Mann ganz leicht umbringen?
Man stellt ihn vor einen Porsche und eine scharfe Blondine und sagt ihm, er soll sich für eins von beiden entscheiden.

Warum haben Männer keine Midlife-Crisis?
Weil sie nie aus der Pubertät kommen.

Kommt ein Mann in die Bücherei: „Ich hätte gern das Buch: Die Überlegenheit des Mannes." Antwort: „Phantasie und Utopie finden Sie im ersten Stock!"

Am liebsten erinnern sich Frauen an die Männer,
mit denen sie lachen konnten.

Anton Tschechow (1860 – 1904)
Russischer Schriftsteller

Promi Witz(e)

Sie können eigentlich jeden Witz zu einem Promi-Witz machen. Einfach die Akteure durch aktuelle Namen der Welt- und Zeitgeschichte ersetzen. Besonders nett finde ich es dann Promis zu veralbern, auf die die Kids oder viele davon gerade „stehen", die „in" sind (jetzt bekommt wieder die Seite in mir die Überhand, die gerne neckt).

Statt Ihnen einen Promi-Witz aufzuschreiben, erhalten Sie nun den Rohling für einen. Sie benötigen lediglich drei <u>männliche</u> Prominente (A, B und C). <u>Wichtig</u>: Promi C ist derjenige, über den Sie lachen wollen. Also wählen Sie hier entsprechend aus. Bitte tragen Sie nun hier und dann unten im Witz die von Ihnen gewählten Namen ein: A: _____, B: _____, C: _____.

<u>Erst dann,</u> wenn Sie die Namen überall eingetragen haben, <u>lesen Sie den Witz</u> und erzählen diesen natürlich auch weiter!

(A) _____, (B) _____ und (C) _____ kommen in den Himmel.

Petrus: „Willkommen im Himmel! Eine Warnung habe ich für euch: Tretet nicht auf die hellblauen Wolken!"

Kurz darauf tritt schon (A) _____ auf eine hellblaue Wolke und Petrus kommt mit einer erschreckend hässlichen Frau und kettet sie an (A) _____.

Petrus: „Das ist die Strafe dafür, dass du auf die hellblaue Wolke getreten bist."

Kaum ist das passiert, tritt schon (B) _____ auf eine hellblaue Wolke. Und wieder kommt Petrus und kettet wieder eine sehr, sehr hässliche Frau diesmal an (B) _____.

(C) _____ beobachtet das alles genau und achtet genau darauf, nicht auch auf eine hellblaue Wolke zu treten.

Kurz darauf kommt Petrus mit einer wunderschönen Frau an, und kettet sie an ihn.

Als Petrus wieder weg ist, sagt er zu der Frau: „Ich würde ja gerne wissen, warum ich es verdient habe, an dich gekettet zu sein!"

Darauf die Frau: „Na ja, ich bin auf so eine blöde hellblaue Wolke getreten."

Schüler Witze / Lehrer Witze

Ein Muss für jeden Lehrer, ein Muss für jeden Schüler, ein Muss für dieses Buch. Mir als Lehrer fallen natürlich mehr Schülerwitze ein.

<u>Zur Absicherung</u>: Ähnlichkeiten mit Ihnen bekannten Lehrerinnen, Lehrern, Schülerinnen und Schülern entbehren jedweder Absicht und sind rein zufällig!

Lehrerin Maier sagt: „Alle, die glauben ein Idiot zu sein, stehen jetzt bitte auf!" Keiner steht auf. Nach einer Weile steht der Klassenbeste auf.
Fragt Frau Maier: „Was machst denn du da?"
Sagt der Schüler: „Es tut mir leid, Sie als Einzige stehen zu sehen."

Lehrer Wagner zum Schüler: „Sag deinem Großvater, er soll morgen zu mir in die Schule kommen."
„Nicht mein Vater?"
„Nein, ich möchte deinem Großvater zeigen, wie viele Fehler sein Sohn in deiner Hausaufgabe gemacht hat."

Nach den Sommerferien ist bei der Lehrerin Hendel und ihren Zweitklässlern, die sie auch schon im Vorjahr in der ersten Klasse hatte, der Schulrat zu Gast. Sie schreibt einen Satz an die Tafel, den die Schüler vorlesen müssen: „Die Wiese ist schön grün." Keiner meldet sich. Die Lehrererin: Na, wer kann mir diesen Satz denn vorlesen? Niemand. Da meldet sich plötzlich Rafael aus der letzten Reihe. Der Lehrerin wird schon angst und bange, da der Rafael zu den schlechteren Schülern gehört und im Vorjahr noch nicht recht lesen konnte. Die Lehrerin: „Ja Rafael, bitte." Rafael liest vor: „Die Lehrerin hat einen tollen Po." Darauf die Lehrerin: „Nein Rafael, nein, hier steht doch: Die Wiese ist schön grün."
Rafael dreht sich zur Seite und sagt zum Schulrat, der neben ihm sitzt: „Du bist gemein! Wenn du auch nicht lesen kannst, dann sag mir wenigstens nichts Falsches vor!"

Vor einer Schule ist für die Autofahrer ein Warnzeichen angebracht:
„Überfahren Sie die Schulkinder nicht!"
Darunter steht: „Warten Sie lieber auf die Lehrer!"

Lehrerin Schwarz unterrichtet Geografie.
Sie sagt: „Jeden Montag stelle ich euch gleich in der Früh eine Frage. Wer die
Frage richtig beantworten kann, hat bis Donnerstag frei!"
Nächsten Montag fragt sie: „Wie viele Liter hat das Mittelmeer?"
Keiner weiß es.
Nächsten Montag fragt sie wieder: „Wie viele Sandkörner hat die Sahara?"
Wieder weiß es keiner.
Nächsten Montag legt Julius einen Euro auf den Lehrertisch. Die Lehrerin
fragt: „Wem gehört dieser Euro?"
Julius schreit: „Mir! Und tschüss bis Donnerstag!"

Lehrerin Schmidt fragt Justus, wo denn seine Hausaufgaben seien.
Justus: „Ich sollte doch mein Zimmer beschreiben, oder?"
Lehrerin: „Ja genau. Wo sind denn nun deine Hausaufgaben?"
Justus: „Nun als ich die erste Wand vollgeschrieben hatte, kam Mami und hat
mir die Stifte weggenommen!"

Marlon schreibt im Diktat das Wort "Tiger" klein. Seufzt die Lehrerin Frau
Jakob: „Ich habe euch doch schon hundertmal erklärt: Alles, was man
anfassen kann wird großgeschrieben!"
Empört sich Marlon: „Na, dann versuchen sie doch mal einen Tiger
anzufassen."

Erklärt Dominik dem Schulleiter Müller, nachdem er wegen Schulschwänzens
ins Rektorat einbestellt wurde: „In Gemeinschaftskunde erzählte Frau
Schlegel, wir hätten Lehrermangel, weil zu viele Kinder in die Schule gehen.
Daher dachte ich mir, ich bleibe mal ein paar Tage zu Hause, um die Lehrer zu
entlasten!"

Sagt Lehrerin Walter: „Wenn die Herrschaften in der dritten Reihe etwas
leiser sein würden so wie die Comicleser in der mittleren Reihe, dann könnten
die Schüler in der ersten Reihe ungestört weiterschlafen!"

Deutschlehrer Reichert trägt vor: „Ich gehe, du gehst, er geht, wir gehen, ihr
geht, sie gehen. Charlotte, kannst du mir sagen, was das bedeutet?"
„Tja, ich würde sagen, alle sind weg!"

Während des Chemie-Unterrichts schreibt Lehrerin Linhart eine Formel an die Tafel und sagt: „Wie ihr seht, fehlt ein Elektron. Wo ist es?"
Schweigen in der Klasse.
„Wo ist das Elektron?", fragt die Lehrerin erneut.
Da ruft Stefan: „Niemand verlässt den Raum!"

Schüler Bernd: „Herr Lehrer, was heißt das, was Sie unter meinen Aufsatz geschrieben haben?"
Lehrer Sauber: „Du musst deutlicher schreiben!"

Lehrer Hönig: „Es gibt zwei Wörter, die ich nie mehr von euch hören will. Das eine ist "Affengeil" und das andere "Saudoof"!"
Peter meldet sich: „Geht in Ordnung. Wie heißen die beiden Wörter?"

„Was glaubst du wohl, welche Worte man als Lehrer am häufigsten von seinen Schülern hört?" – „Weiß ich nicht!" – „Eben", seufzt Lehrer Knoche.

Im Erdkundeunterricht berichtet Lehrer Busch: „Venedig sinkt und sinkt. Die Bewohner machen sich große Sorgen." Hans fällt ihm ins Wort: „Die sollen sich mal ein Beispiel an Mainz nehmen, Mainz singt und lacht!"

„Christian, was hatten wir denn gestern auf?", fragt die Lehrerin Frau Schneider. Christian überlegt kurz und sagt dann: „Sie gar nichts, und ich eine Baseballkappe."

Geschichtslehrer Kirsch fragt: „Wo wurde der Friedensvertrag von 1918 unterschrieben?"
Nach längerem Nachdenken antwortet Paul: „Unten rechts!"

Lachen bedeutet schadenfroh sein, aber mit gutem Gewissen.

Friedrich Nietzsche (1844 – 1900)
Deutscher Philosoph und Lyriker

Sonstige Witze

Es gibt Witze, da weiß man nicht so recht, welcher Kategorie man diese zuordnen könnte. Man fügt sie ein, weil man sicher ist, da gehört er dazu. Wenn er dann dasteht, merkt man, er passt eigentlich nicht wirklich hier hin. Hierfür ist diese letzte Kategorie. Wenn nicht unter „Sonstiges", wo dann? Wenn Sie denken: „Der passt doch perfekt in eine der anderen Rubriken", dann schreiben Sie ihn vorne dazu. Oder machen Sie es wie mein Sohn, der vor ein paar Wochen Schere und Klebstoff entdeckt hat: „Ausschneiden und woanders, an der für Sie passenden Stelle in diesem Büchlein, wieder einkleben!"

Der Gast im Hotel: „Bitte, ich möchte zwei Eier, eines steinhart, das andere roh, einen verkohlten Toast und eine lauwarme Brühe, die Kaffee heißt." „Ich weiß nicht, ob sich das machen lässt!?", gibt der Kellner zu bedenken. „Aber wieso? Gestern ging es doch auch."

Peter schaut zum Fenster hinaus und beobachtet einen älteren Mann. Seine Mutter fragt ihn: „Was gibt es denn da zu sehen?"
„Der Mann sucht seit einer halben Stunde hundert Euro, die er verloren hat."
„Woher willst du denn das wissen?"
„Ich hab sie vorhin gefunden."

Erwischt der Ehemann seine Frau beim Schäferstündchen im Schlafzimmer. Er reißt die Tür auf und ruft energisch: „Was geht hier vor?"
Sie schaut ihn kühl an und antwortet: „Deine Uhr!"

Der alte Bauer kommt in die Großstadt und fährt zum ersten Mal mit einem Taxi. „Wozu haben Sie denn den Stern auf der Kühlerhaube?", will er vom Fahrer wissen.
Der antwortet belustigt: „Damit ziele ich auf die Fußgänger, die die Straße überqueren."
Wenig später kann er gerade so einem Fußgänger ausweichen, hört aber einen dumpfen Knall von hinten.
Ruft es von hinten: „Sie zielen aber schlecht. Hätte ich nicht die Tür aufgerissen, wäre der uns durch die Lappen gegangen!"

„Wenn du immer so unartig bist, Hannerl, wirst du mal Kinder bekommen, die auch so unartig sind."

„Ah, Mutti, jetzt hast du dich aber verraten."

Fragt Max seinen ehemaligen Kollegen Fred in der Kneipe: „Ich habe gehört, dein Chef hat dir eine Stellung bei der Konkurrenz besorgt?" – „Ja, stell dir vor, er meinte, da könnte ich ihm mehr nützen."

In der Straßenbahn hält eine Frau ein schreiendes Baby im Arm. Ein älterer Herr neben ihr rückt ein Stück weg und meint: „Na, es wird doch nicht krank sein? Hinterher steckt es mich noch an!" – „Das könnte nicht schaden", meint die Mutter trocken, „es bekommt nämlich Zähne."

„Ich fürchte meine Frau geht fremd!"

„Warum?"

„Wir sind von Hamburg nach München gezogen und haben immer noch denselben Briefträger!"

Ehefrau: „Liebst du mich nur, weil mein Vater mir ein Vermögen hinterlassen hat?"

Ehemann: „Überhaupt nicht, Liebling. Ich würde dich immer lieben, egal, wer dir das Vermögen hinterlassen hat."

„Mensch Gustav, sieht man dich auch mal wieder. Bist du noch mit Katrin befreundet?" – „Nein, die habe ich zum Teufel gejagt!" – „Meine Güte, der arme Teufel."

„Ist deine Schwester durch die Schlammpackung wirklich schöner geworden?"

„Also zuerst schon, aber jetzt bröckelt das Zeug wieder ab."

Unsere Freude beginnt dort,
wo wir andere zum Lächeln bringen.

aus Indien

Scherzfragen

Neben Witzen erzählen und Witzen zuhören, knobeln Kinder und Jugendliche auch gerne. In Mathe gibt es bei mir deshalb immer die Knobelaufgabe des Monats. Nur mathematisch zu lösen selbstverständlich. Hier in dieses Büchlein passen besser die Scherzfragen, die eine Mischform aus Rätsel und Witz sind. Beginnen wir jedoch vorab mit einem Dezemberrätsel für Erwachsene:

Sie fahren mit dem Auto und halten eine konstante Geschwindigkeit. Auf Ihrer linken Seite befindet sich ein Abhang. Auf Ihrer rechten Seite fährt ein riesiges Polizeiauto und hält die gleiche Geschwindigkeit wie Sie. Vor Ihnen galoppiert ein Schwein, das eindeutig größer ist als Ihr Auto und Sie können nicht vorbei. Hinter Ihnen fliegt ein Helikopter auf Bodenhöhe. Das Schwein und der Helikopter haben exakt Ihre Geschwindigkeit. Was unternehmen Sie, um dieser Situation gefahrlos zu entkommen?

Lösung am Ende des Kapitels. Zuerst nun die Scherzfragen für Kids. Und damit Sie wissen, was ich meine, gleich zu Beginn den Klassiker, den ich bisher am häufigsten erzählt bekam:

Was ist der Unterschied zwischen einem Fußballspieler und einem Fußgänger?
(Der Fußgänger geht bei grün, der Fußballer bei rot.)

Eigentlich langweilig, wenn man immer gleich die Antwort lesen kann. Knobeln Sie mit! Nehmen Sie sich jetzt ein Blatt, decken die jeweiligen Antworten ab und lesen immer nur die Frage. Viel Spaß beim Knobeln und beim Knobelaufgaben erstellen lassen!

Was ist der Unterschied zwischen einem Bäcker und einem Teppich?
(Der Bäcker muss um fünf Uhr früh aufstehen, der Teppich kann liegen bleiben.)

Wer hört alles und sagt nichts?
(Dein Ohr.)

Was ist schwerer, ein Kilo Silber oder ein Kilo Gold?
(Beides ist gleich schwer.)

Was ist der Unterschied zwischen einem Einbruch und einem Beinbruch?
(Nach einem Beinbruch musst du liegen, nach einem Einbruch sitzen.)

Wie viele Erbsen passen in ein leeres Glas?
(Eine. Danach ist das Glas nicht mehr leer.)

Eine E-Lok zieht einen Zug genau Richtung Norden. In welche Richtung zieht
der Dampf?
(Eine E-Lok produziert keinen Dampf.)

Wann fällt Frauen das Abnehmen am leichtesten?
(Wenn ihr Telefon klingelt.)

Welchen Satz hört ein Hai am allerliebsten?
(„Mann über Bord!")

Was hat Flügel, aber keine Federn?
(Das Fenster.)

Was ist beim Elefanten klein und beim Floh groß?
(Das „F".)

Welcher Vogel hat keine Flügel, keine Federn und keinen Schnabel?
(Der Spaßvogel.)

Welcher Peter macht am meisten Krach?
(Der Trompeter.)

Was gibt es im Dezember, was es sonst in keinem anderen Monat gibt?
(Das „D".)

Was ist der Unterschied zwischen einem Porsche und einer Rolle Klopapier?
(Den Porsche kann man auch gebraucht kaufen.)

Wie nennt man einen intelligenten Toilettenbesucher?
(Klugscheißer.)

Welche Brücke führt über keinen Fluss?
(Die Eselsbrücke.)

Was steht auf dem Rand eines 5 Euro Stückes?
(Es gibt kein 5 Euro Stück.)

Was berechnet der Mathematiker und behandelt der Arzt?
(Einen Bruch.)

Wer hat 21 Augen und kann doch nicht sehen?
(Der Würfel.)

Es gibt nur ein Anzeichen von Weisheit: Gute Laune.

Michel de Montaigne (1533 - 1592)
Politiker und Philosoph

Lösung des Dezemberrätsels für Erwachsene:
Vom Kinderkarussell absteigen und weniger Glühwein trinken!

Humor und Wissenschaft - Vorbemerkungen

Was sagt die Wissenschaft zur Thematik Lachen und Humor? Als ich angefangen hatte hier zu recherchieren, bin ich auf meinem Stuhl erst einmal zurückgerutscht. So viel (Literatur, empirische Erhebungen, Webseiten...)! Damit hatte ich nicht gerechnet!

Auch nicht, dass man sich schon so lange mit Humor wissenschaftlich beschäftigt hat. Noch älter sind die Aussagen von Philosophen (bis hin zu Aristoteles). Ich habe angefangen, mich in dieser Menge zurechtzufinden, da ich in dieses Büchlein einige konkrete Hinweise und Gedanken einbinden wollte. Die Menge hat mich ein zweites Mal zurückrutschen lassen. Hierzu kann man ein eigenes Fachbuch schreiben!

Um den von mir geplanten Charakter dieses Büchleins zu erhalten, habe ich daher im folgenden Kapitel lediglich ein paar wissenschaftliche Untersuchungen benannt und mich auf einige wenige Fakten beschränkt.

Was der Sonnenschein für die Blumen ist,
das sind lachende Gesichter für die Menschen.

Joseph Addison (1672 – 1719)
Englischer Dichter und Politiker

Humor und Wissenschaft

Menschen lachen gerne, wenn sie sich anderen überlegen fühlen. Die Deutschen machen sich gerne über Ostfriesen lustig. Männer gerne über (blonde) Frauen. Frauen gerne über Männer... . Immer geht es darum, dass sich eine Gruppe besser als eine andere fühlen will. Jens Förster von der Universität Bremen fand hierzu heraus, dass blonde Frauen, nachdem sie zuvor Blondinenwitze gelesen hatten, in einem Test einen signifikant niedrigeren IQ erreichten, als die Kontrollgruppe blonder Frauen, die zuvor keine Blondinenwitze gelesen hatte. Förster geht davon aus, dass Witze das Selbstvertrauen und Verhalten beeinflussen können und im Sinne einer „Selbsterfüllenden Prophezeiung" wahr werden können (vgl. Wiseman, 2008, S.: 30).

Dürfen wir aufgrund dieser Erkenntnisse blonden jungen Mädchen überhaupt Blondinenwitze erzählen oder diese Blondinenwitze erzählen lassen? Und so können wir gerade weitermachen: Immer wenn ich zu einer bestimmten Menschengruppe gehöre und Witze über diese höre, so kann sich dies negativ auf mein Selbstbild auswirken. Kann ich dann überhaupt noch Witze erzählen? Und wenn ja, welche?

Wie in vielen anderen Bereichen des schulischen Lehrens und Lernens auch hilft hier, neben einem Reduzieren und gegebenenfalls Weglassen oder gezielt Auswählen, wem ich was nahebringe, die Aufklärung. Aufklärung über einen bestimmten Sachverhalt und über mögliche persönliche Auswirkungen. Das „in Kenntnis setzen" über einen wissenschaftlich erwiesenen Sachverhalt kann dafür sorgen, dass er ausbleibt. Also berichten Sie anderen und Ihren Schülerinnen über diese wissenschaftlich erwiesene Tatsache!

Weitere FAKTEN (vgl. Wiseman Richard, 2008, S.: 30ff.):
- Fast drei Viertel der Frauen lachen, wenn ein Mann einen Witz erzählt.
- Deutlich unter der Hälfte der Männer lacht, wenn eine Frau einen Witz erzählt.
- Männer erzählen viel mehr Witze als Frauen.
- Hochrangige Personen erzählen mehr Witze.

Die Forscher um Wiseman konnten zudem durch die Angabe der Nationalität bei der Bewertung einzelner Witze einen Vergleich des Humorverständnisses zwischen einzelnen Nationen ziehen: Briten, Iren und Neuseeländer bevorzugen demnach Witze mit Wortspielen. Amerikaner und Kanadier lachen gerne über Scherze, die die handelnden Personen dumm dastehen/aussehen/erscheinen lassen. Dem deutschen Humor ließen sich keine klaren Präferenzen zuordnen, da die Wertungen der deutschen Nutzer breit gestreut waren. Die Deutschen scheinen jedoch besonders humorvoll zu sein, da sehr viele Witze mit der Höchstpunktzahl bewertet wurden. (Quelle: www.netzeitung.de „Lustigster Witz der Welt gewählt", 4. Oktober 2002)

Auf der Web-Seite des Deutschen Instituts für Humor http://www.humorinstitut.de/ (Zugriff: März 2012) finden sich Hinweise und Übersetzungen zu und von wissenschaftlichen Experimenten und Studien zur Humorforschung. Wesentliche Ergebnisse werden dort dargestellt (u. a. von Kareen Klein ins Deutsche übersetzt).

Nachfolgend ein kleiner Auszug. Ausführliche Literatur- und Quellenangaben, auch zum Weiterlesen, im Literaturverzeichnis.

- Die Behaltensleistung bei humorvollen, witzigen und oder lustigen Sätzen ist deutlich höher als bei Sätzen, auf die dies nicht zutrifft (vgl. Schmidt, 1994. Collins, 1997).
- In Prüfungsfragen eingebauter Humor hilft gegen Prüfungsangst und führt zu einer deutlichen Verbesserung der Prüfungsergebnisse (vgl. Berk & Nanda, 2006. Ziv 1988).
- Zwischen Humor und der kognitiven Entwicklung besteht ein enger Zusammenhang (vgl. Wicki, 2000).
- Humor macht den Lehrenden menschlicher, motiviert, illustriert Sachverhalte, entschärft Situationen, reduziert Ängste… (vgl. Torok, Mc Morris & Lin, 2004).
- In angstbesetzten Fächern steigt das Lernen, wenn der Lehrende humorvoll agiert / Humor einsetzt (vgl. Kher, Molstad & Roberta, 1999).
- Humor trägt zu einem effektiven Führungsstil bei (vgl. Holmes & Marra, 2006).

Epilog

Ein Freund von mir hatte früher in seinem Gelbeutel immer ein mehrfach gefaltetes Stück Papier. Auf diesem „Papierfetzen" (Sie können sich vermutlich vorstellen, wie so ein Stück Papier aussieht, wenn es tagtäglich im Gelbeutel mit sich getragen wird) waren kleine Witze, Witzanfänge, Stichworte zu Witzen notiert (Schriftgröße 5 oder Schriftgröße 6) jedenfalls sehr klein. Gerade so, dass er es lesen konnte. Bei Gelegenheit oder einfach so, hat er dieses Stück Papier zur Hand genommen, sich zurückgelehnt, schelmisch gegrinst und einfach angefangen Witze zu erzählen. Auch eine Möglichkeit sich Witze zu merken und zu erzählen! Wie machen Sie es?

Genug jetzt von meiner Seite. Betrachten Sie dieses Büchlein auch als Arbeitsbuch, in dem man etwas hinzufügen oder ausstreichen kann. Ob Sie eine Seite hinzukleben, etwas beilegen oder dazuschreiben ist Ihre Sache, <u>doch tun Sie es</u>!

Gerne dürfen Sie mir auch Ihre Lieblingswitze, Meinung und Anregungen mailen (Kontaktformular finden Sie auf meiner Homepage: <u>www.mathias-p-rein.de</u>). Falls Sie an weiteren Informationen zu meinen anderen Veröffentlichungen, Leseproben, Videos oder/und ein paar Informationen zu mir interessiert sind, so werden Sie hier ebenfalls fündig.

Liebe <u>Schülerin</u>, lieber <u>Schüler</u>, liebe <u>Kollegin</u>, lieber <u>Kollege</u>, liebe <u>Leserin</u>, lieber <u>Leser</u>,
dir / Ihnen wünsche ich von Herzen ein langes und gesundes Leben, in dem der Humor und die Freude am Lachen eine (große) Rolle spielt und zu deinem / Ihrem liebsten Hobby wird.
Mathias P. Rein (22. April 2012, 22.23 Uhr)

Das Lächeln, das du aussendest, kehrt zu dir zurück.

Indisches Sprichwort

Literatur- und Quellenangaben

Viele Inhalte in diesem Büchlein sind Leistungen, die sich nicht auf einen bestimmten Schöpfer reduzieren lassen.

Oder können Sie mit Bestimmtheit sagen, dass die Pointe eines bestimmten Witzes, einer Scherzfrage, etc. Ihre alleinige Leistung ist (einer bestimmten Person zugeordnet werden kann), dass niemand vor Ihnen diese Pointe, diesen Witz, diese Scherzfrage... erdacht hat? Oder handelt es sich bei dem von Ihnen „erdachten" (gelesenen) Witz doch nur um eine Abwandlung eines bereits bestehenden?

Autoren, Urheber, Schöpfer bestimmter/einzelner Witze zu nennen erscheint daher unmöglich (zumindest, was die Witze, Scherzfragen, etc. dieser Sammlung betrifft). Gerne möchte ich jedoch Sammlungen nennen, die mir und meinen Schülerinnen und Schülern in den vergangenen Jahren beim Suchen (für das Erzählen) dienlich waren und auch heute noch sind. Häufig stießen wir, nachdem wir in einer Suchmaschine das Wort Witze oder Rätsel und ein bestimmtes Suchwort (z. B. „Ostern", „Blondine", „Nett"...) eingaben, u. a. auf diese Sammlungen:

www.witze-ueber-witze.de
www.blinde-kuh.de/witze/
www.witzeland.de
www.gutewitze.com
www.raetselstunde.de

Zitate (Sprüche) von Personen der Welt- und Zeitgeschichte

Seit mehr als zwanzig Jahren sammle ich Lebensweisheiten/Spruchperlen von Personen aus der Welt- und Zeitgeschichte. Unterschiedliche Kalender, die täglich, wöchentlich, monatlich Lebensweisheiten publizieren, begleiten mich ebenfalls seit dieser Zeit. Wenn ich darüber hinaus ein Zitat mit einem bestimmten Inhalt benötigte (auch für diese Sammlung), so halfen mir u. a. auch folgende Seiten weiter:

www.zitate.net
www.gratis-spruch.de
www.gutzitiert.de
www.zitate-online.de

Um die Rechte einzelner Personen nicht zu verletzen, wurden in dieser Sammlung nur Zitate von Personen verwendet, die länger als 70 Jahre verstorben sind.

So sind dieser Sammlung ein paar treffende und wunderbare Zitate entgangen, die Sie jedoch in den vorstehend genannten Online-Sammlungen finden können. Recherchieren Sie dort mit den Suchbegriffen: „Rudi Carrel", „Tenzin Gyatso (14. Dalai Lama)", „Madan Kataria (Lachyoga)", „Yehudi Menuhin", „Werner Fink", „Curzio Malaparte", „Sigismund von Radecki" und „Hermann Hesse".

Auf der Internetseite www.humorinstitut.de findet sich in der Navigation die Rubrik „Humorforschung" (Stand: März 2012). Dort u. a. Zusammenfassungen von Texten, Ergebnissen und Studien zur Humorforschung. Im Kapitel „Humor und Wissenschaft" werden zentrale Aussagen dieser Seite(n) wiedergegeben. Dort als Quellenangabe „nur" der Name des Autors und das Erscheinungsjahr genannt. Nachfolgend nun die vollständigen, auf www.humorinstitut.de angegebenen Quellen:

Berk, Ronald; Nanda, Joy: A randomized trial of humor effects on test anxiety and test performance (Ein zufallsgeneriertes Experiment zu Auswirkungen von Humor auf Prüfungsangst und Prüfungsleistung). Humor 19–4 (2006), 425–454.

Collins, Christi: The Effects of Humor on Sentence Memory (Der Effekt von Humor auf das Auswendiglernen von Sätzen). Missouri Western State College (1997).

Holmes, Janet; Marra, Meredith: Humor und Führungsstil. Humor 19–2 (2006), 119–138.

Kher, Neelam; Molstad, Susan; Donahue, Roberta: Using Humor in the college classroom to enhance teaching effectiveness in „dread courses" (Humor in Hochschulklassen benutzen, um die Lehreffektivität in „Angstfächern" zu steigern). *College Student Journal* (1999).

Schmidt, Stephen R.: Effects of Humor on Sentence Memory (Auswirkungen von Humor auf das Erinnern von Sätzen). Journal of Experimental Psychology: Learning, Memory and Cognition 20: 4 (1994) 953-967.

Torok, Sarah E.; Mc Morris, Robert F.; Lin, Wen-Chi: Is Humor an appreciated teaching tool? Perceptions of professors teaching styles and use of humor (Ist Humor ein geschätztes Lehr-Instrument? Wie der Lehrstil und der Humorgebrauch von Professoren eingeschätzt werden). College Teaching 14 (2004), 14-20.

Wicki, Werner: Humor und Entwicklung: Eine kritische Übersicht. Zeitschrift für Entwicklungspsychologie und Pädagogische Psychologie, 32 (4), 173-185, Hogrefe-Verlag Göttingen (2000).

Ziv, Avner: Teaching and Learning with Humor: Experiment and Replication (Lehren und Lernen mit Humor: Experiment und Wiederholung). *The Journal of Experimental Education* 57 (1988), 5-15.

Weitere Quellenangaben:
Wiseman, Richard: Auf der Suche nach dem lustigsten Witz der Welt. Gehirn & Geist, Verlag Spektrum der Wissenschaft, April 2008, S.: 28-33.

www.netzeitung.de „Lustigster Witz der Welt gewählt", 4. Oktober 2002

Für diese Sammlung wurde nach bestem Wissen recherchiert. Soweit bekannt, wurden alle Textstellen und Autoren benannt. Sollten Sie falsche oder fehlende Angaben bemerken, bitte ich um Nachricht über das Kontaktformular unter www.mathias-p-rein.de

Einen habe ich noch...

Was wäre das für ein Witzbuch, das mit den Literatur- und Quellenangaben endet!? Einen Witz sollte ich noch für Sie haben. Und den habe ich auch:

Der Medizinprofessor hält für das Erstsemester die Einführungsvorlesung: „Wir beginnen mit den Grundzügen der Autopsie. Zwei Dinge sind dabei besonders wichtig. Erstens: Sie müssen Ihren Ekel besiegen. Schauen Sie her..." und steckt dem toten Mann auf der Bahre einen Finger in den Hintern, zieht ihn wieder heraus und leckt ihn ab. „Und jetzt Sie: Einer nach dem anderen!" Mit blassen Gesichtern ziehen die Studenten an der Leiche vorbei. Als sie fertig sind, sagt der Professor: „Und zweitens sollten Sie Ihre Beobachtungsgabe schärfen, ich habe meinen Zeigefinger in den Hintern gesteckt - aber den Mittelfinger abgeleckt! Also, immer schön aufgepasst!"

Sie haben es selbst gemerkt. Ich brauche es Ihnen nach der Lektüre dieses Büchleins eigentlich gar nicht schreiben! Als Lehrer schaffe ich es jedoch nicht, dies nicht zu tun. Daher:

„Wenn Ihre Tochter oder Ihr Sohn oder dein kleiner Bruder oder Ihre Schüler... mal wieder nicht aufpassen wollen. Spätestens dann ist es Zeit, Zeit für diesen Witz!"

Lächeln ist billiger als elektrischer Strom und gibt mehr Licht.

Schottisches Sprichwort

Bisher von Mathias P. Rein bei BoD erschienen

Lachen!
Eine Sammlung netter und humorvoller Witze

Broschiert:	64 Seiten
Verlag:	Books on Demand
Auflage:	1 (14. April 2009)
Sprache:	Deutsch
ISBN:	9-783837-035773
Preis:	€ 4,90

Schüler in sozialen Diensten – Dimensionen pädagogischen Handelns
Eigenschaften freiwilliger Schulsozialdienste am Beispiel des Schulsanitätsdienstes

Broschiert:	344 Seiten
Verlag:	Books on Demand
Auflage:	1 (9. September 2009)
Sprache:	Deutsch
ISBN:	9-783839-103326
Preis:	€ 29,80

Mehr Informationen unter:
www.mathias-p-rein.de

Lightning Source UK Ltd.
Milton Keynes UK
UKHW010635180719
346390UK00001B/195/P